"建设强国之道"系列丛书

新时代
建设人才强国之道

赵 阵　刘增明　张郭男　李 亿◎著

中共中央党校出版社

图书在版编目（CIP）数据

新时代建设人才强国之道/赵阵等著. -- 北京：中共中央党校出版社，2025.3. -- ISBN 978-7-5035-7625-6

Ⅰ.C964.2

中国国家版本馆 CIP 数据核字第 2025L1R605 号

新时代建设人才强国之道

策划统筹	任丽娜
责任编辑	马琳婷　桑月月
责任印制	陈梦楠
责任校对	马　晶
出版发行	中共中央党校出版社
地　　址	北京市海淀区长春桥路 6 号
电　　话	（010）68922815（总编室）　（010）68922233（发行部）
传　　真	（010）68922814
经　　销	全国新华书店
印　　刷	中煤（北京）印务有限公司
开　　本	710 毫米 ×1000 毫米　1/16
字　　数	174 千字
印　　张	13.5
版　　次	2025 年 3 月第 1 版　2025 年 3 月第 1 次印刷
定　　价	48.00 元

微信 ID：中共中央党校出版社　　邮　箱：zydxcbs2018@163.com

版权所有·侵权必究

如有印装质量问题，请与本社发行部联系调换

前　言

党的二十大报告明确提出"实施科教兴国战略，强化现代化建设人才支撑"。功以才成，业由才广。培养造就大批德才兼备的高素质人才，是国家和民族长远发展的大计。要深入实施人才强国战略，坚持为党育人、为国育才，全面提高人才自主培养质量，着力造就拔尖创新人才，聚天下英才而用之。

古往今来，国运兴衰，军力强弱，无不与人才的得失、多寡有关。为此，人们常以"人才济济"来喻指一个国家的强盛，用"战将如云"来形容一支军队的强大。

我们党从成立之时就十分重视人才工作。大革命时期，我们党通过开办工人夜校、农民运动讲习所等方式培养了大批工农革命骨干。抗日战争时期，我们党延揽了数万名知识分子奔赴延安，为民族解放事业提供了强大的人才支撑。新中国成立后，毛泽东提出要"争取一切爱国的知识分子为人民服务"[1]，不仅充分调动了国内知识分子的奉献热情，而且使得一大批学业有成的海外人才纷纷回国建业。改革开放后，我们党确立"尊重知识、尊重人才"的重要方针，激励各类人才积极投身中国特色社会主义建设。党的十八大以来，

---

[1] 《毛泽东文集》第6卷，人民出版社1999年版，第71页。

以习近平同志为核心的党中央大力谋划人才事业布局，大刀阔斧推进人才发展体制机制改革，聚天下英才而用之，推动人才工作取得历史性成就、发生历史性变革。

自2002年由中央政治局首次提出，2010年第二次全国人才工作会议健全发展，2021年中央人才工作会议提出新时代人才强国战略，到2022年写入党的二十大报告，人才强国战略已经成为我们党的重大执政方略，成为中国之治、中国之路、中国方案的典型代表。在人才强国战略指导下，我们对建设人才强国问题进行了研究与探索，形成了以下内容：

第一，人才强国战略是中国式现代化的重要支撑。中国式现代化是高质量发展、创造人类文明新形态的现代化，更是人才支撑发展、人才引领创新的现代化，必须实施人才强国战略才能为中国式现代化建设提供足够的人才支撑。

第二，新时代人才建设的伟大成就。新时代以来，全党全社会深入实施人才强国战略，党对人才工作的领导全面加强，全方位培养、引进、用好人才，深化人才发展体制机制改革，人才队伍建设成果显著，人才效能得到不断释放。

第三，坚持党对人才工作的全面领导。继承发扬坚持党管干部、党管人才的宝贵经验，充分发挥政治优势、组织优势和密切联系群众优势，履行管宏观、管政策、管协调、管服务职责，用政策凝聚人才，用机制激励人才，靠法制保障人才，不断激发人才创新活力，释放人才创新效能。

第四，完善人才战略布局。综合考虑时间、空间、体制、资源和国际环境等多个维度，设计好人才战略布局的系统工程。着眼长远、兼顾当下，加强顶层设计和战略谋划。注重发挥优势，实现区域合理布局和协调发展。构建形成规模宏大、结构合理、素质优良的整体布局。

第五，建设世界重要人才中心和创新高地。加快建设世界重要人才中心和创新高地是深入实施新时代人才强国战略的顶层设计和重大举措。打造高水平高地，建设人才集聚平台，建设国家实验室、国家科研机构、高水平研究型大学等科创载体。加强相关保障机制建设。

第六，建设国家战略人才力量。培养造就更多大师、战略科学家、一流科技领军人才和创新团队、青年科技人才、卓越工程师、大国工匠、高技能人才。通过制度机制建设，形成人才国际竞争比较优势，实施更加开放的人才战略，集聚全球高端战略人才和创新资源。

第七，深化人才发展体制机制改革。人才发展体制机制管根本、管长远，是影响人才成长和发挥效能的根本性问题。要遵循人才资源开发规律，坚持市场配置人才资源的改革取向，加强和改善宏观调控，努力建立充满生机活力的人才工作体制机制。

第八，培养满足时代需求的哲学社会科学人才。哲学社会科学人才在经济社会发展中具有不可或缺、不可替代的重要作用。要正确认识新时代哲学社会科学人才的素质构成，促使其不断提升科研学术能力。在社会上形成科学完备的哲学社会科学人才评价体系。

目 录

第一章 人才强国战略是中国式现代化的重要支撑
一、新时代人才强国的重大意义　/ 003
二、新时代人才强国的深刻内涵　/ 014
三、新时代人才强国的理论基础　/ 027

第二章 新时代人才建设的伟大成就
一、党对人才工作的领导全面加强　/ 040
二、人才队伍建设成果卓著　/ 043
三、人才效能得到不断释放　/ 049

第三章 坚持党对人才工作的全面领导
一、坚持党管干部、党管人才是我们党的宝贵经验　/ 056
二、科学把握党管人才的要义　/ 068
三、创新党管人才的方式方法　/ 077

第四章　完善人才战略布局

一、时间布局：顶层设计和战略谋划　/ 087

二、空间布局：人才区域合理布局和协调发展　/ 091

三、整体布局：规模宏大、结构合理、素质优良　/ 095

第五章　建设世界重要人才中心和创新高地

一、建设世界重要人才中心和创新高地的重大战略意义　/ 104

二、建设世界重要人才中心和创新高地的实践路径　/ 113

三、建设世界重要人才中心和创新高地的保障机制　/ 120

第六章　建设国家战略人才力量

一、国家战略人才力量的内涵和作用　/ 127

二、建设国家战略人才力量的目标要求　/ 131

三、建设国家战略人才力量的基本原则　/ 137

第七章　深化人才发展体制机制改革

一、人才培养机制改革　/ 144

二、人才评价机制改革　/ 149

三、人才选拔任用机制改革　/ 153

四、人才合理流动机制改革　/ 157

五、人才激励保障机制改革　/ 160

第八章　培养满足时代需求的哲学社会科学人才

一、新时代哲学社会科学人才的素质构成　/ 166

二、新时代哲学社会科学人才的能力培养　/ 179

三、新时代哲学社会科学人才的科学评价　/ 192

后　记　/ 204

第一章

人才强国战略是中国式现代化的重要支撑

从2002年明确提出实施人才强国战略,到党的二十大报告强调深入实施人才强国战略,我国各方面的事业取得长足进步,尤其新时代十年,党和人民事业取得历史性成就、发生历史性变革,我国迈上了全面建成社会主义现代化强国的新征程。这些光辉业绩的取得,得益于人才强国战略的提出和实施。党带领全国各族人民团结奋斗,推动我国事业强起来的过程,就是深入贯彻和落实人才强国战略的真实写照。人才兴则国家兴,人才强则国家强。百余年来中国共产党带领全国各族人民为实现中华民族伟大复兴,始终高度重视发挥人才资源优势。将全国各族人民的聪明才智和创造实践,深刻熔铸在革命、建设、改革的伟大事业中。党的十九大报告明确提出,"为把我国建设成为富强民主文明和谐美丽的社会主义现代化强国而奋斗"[1],这里明确提出了强国目标;党的二十大报告明确提出"全面建设社会主义现代化国家、全面推进中华民族伟大复兴"[2],表明党在继续推进强国目标的实现。强国目标的实现需要一系列的强国指标支撑,其中一个很重要的指标就是人才强国。从提出实施人才强国战略,到坚定实施人才强国战略,再到深入实施人才强国战略,20余年的光辉历程,可以看到党对人才强国战略重视程度的不断深化,也可以看到人才资源对党和人民事业发展贡献度的逐步提升。党带领全国各族人民胜利实现了第一个百年奋斗目标,同时开启了向第二个百年奋斗目标进军的新征程。前进的道路上会面临各种风险挑战,需要深刻领会新时代深入实施人才强国战略的重大战略意义和深远历史意义,努力把各种人才集聚到党和人民事业中来,奋力夺取新时代中国特色社会主义伟大胜利,为实现中

---

[1] 本书编写组编著:《党的十九大报告辅导读本》,人民出版社2017年版,第12页。
[2] 习近平:《高举中国特色社会主义伟大旗帜 为全面建设社会主义现代化国家而团结奋斗——在中国共产党第二十次全国代表大会上的报告》,人民出版社2022年版,第63页。

华民族伟大复兴的中国梦不懈奋斗。

一、新时代人才强国的重大意义

自古以来，人才对于经济社会发展都发挥着关键作用。尤其是现代社会，科学技术迅猛发展，哲学社会科学繁荣发展，人类社会进入了前所未有的快速发展期，人才的地位与作用更加突显，对于一个国家的发展与强大更是发挥了不可替代的突出作用。在带领全国各族人民团结奋斗的百余年历程中，我们党高度重视发现、吸收、使用各种优秀人才，为中国革命、建设、改革事业提供了强有力的人才支撑和智力支持，人才也成为百余年来党领导全国各族人民攻坚克难、勇毅前行的制胜密码。新时代中国特色社会主义建设面临着更多的风险挑战，对集聚各方面优秀人才提出了迫切的需求，比以往任何时期都更加渴求人才、重视人才。要建成社会主义现代化强国、实现中华民族伟大复兴，迫切需要坚强有力的人才资源作为支撑。

（一）人才是衡量一个国家综合国力的重要指标

新中国成立之后，中国社会面临着巨大的建设任务，尤其是要完成社会主义革命，实现向社会主义的过渡。当时中国实施五年计划，着力实行对个体农业、手工业和资本主义工商业的社会主义改造，改善工业、农业等的状况。开展大规模的经济社会建设，提高工业、农业等生产能力，解放和发展社会生产力，不是一件容易的事情。不仅需要有党的坚强领导，出台一系列科学合理的方针政策，更需要汇聚各方面的优秀人才，以完成社会主义革命，顺利过渡到社会主义。毛泽东曾在《社会主义革命的目的是解放生产力》中指出："我国人民应该有一个远大的规划，要在几十年内，努力改变我国在经济上和科学文化上的落后状况，迅速达到世界上的先进水平。为了实现这个伟大的目标,决定一切的是要有干部,要有数量足够的、优秀的科学技术专家。"①在这篇文献中,毛泽东特别强调数量足够的优秀人才,是决定新中国成立后几十年长远发展的重要因素,是当时摆脱经济上、科学文化上落后状况的决定性因素。新中国成立后我国开展了一系列重大科学研究活动,其中很重要的就是"两弹一星"工程。在毛泽东等同志的坚强领导下,我国开始筹建核工业,开展了研制原子弹的攻坚任务。许多科学家以身许国、攻坚克难,钱学森、钱三强、邓稼先等科学家,还有广大科研人员、干部和职工,通过艰苦卓绝的奋斗解决了许多技术难题,终于成功研制出中国第一颗原子弹。随后,中国又研制成功了氢弹。原子弹和氢弹的成功研制,标志着我国进入了核大国行列,粉碎了帝国主义国家核威胁、核讹诈的图谋,确立了我国在世界上的大国地位。正是这些非常优秀的科研人员、干部和职工等,在异常艰难的情况下做出了非凡的科研成果,为新中国国际地位的确立作出了重大贡献。

改革开放和社会主义现代化建设新时期,党面临着探索中国自己的建设社会主义的道路,面临着解放和发展生产力,面临着使中国人民摆脱贫困、走向富裕等重要历史任务。邓小平作为改革开放的总设计师,带领全党全军全国各族人民探索具有中国特色的社会主义道路,着力解放和发展生产力,解决"文化大革命"造成的中国困难局面。党的十一届三中全会以来,党高度重视人才的培养与使用,恢复高考、召开全国科学大会、召开全国教育工作会议等,都特别强调了人才工作。邓小平在《改革科技体制是为了解放生产力》中指出:"改革经济体制,最重要的、我最关心的,是人才。改革科技体制,我最关心的,还是人才。"②在《把教育工作认真抓起来》中进一步指出:"我们国家,国力的强弱,经济发展后劲的大小,越来越取决于劳动者的素质,取

---

① 《毛泽东文集》第7卷,人民出版社1999年版,第2页。
② 《邓小平文选》第3卷,人民出版社1993年版,第108页。

决于知识分子的数量和质量。"①从中可以看出，邓小平非常重视人才对提升综合国力的重要作用，对中国改革开放事业以及未来发展的重要影响。邓小平认为处于改革开放的中国，不是人才太多了，而是人才太少了，还远远不能满足需求。中国改革开放事业之所以能取得巨大成就，就在于通过全面发展教育事业，培养了一大批中国特色社会主义事业所需要的各级各类人才，为推动改革开放行稳致远和国家繁荣富强，打下了坚实的人才基础，大幅提高了中国的综合国力。

党的十八大以来，特别强调人才在党和人民事业发展中的突出重要性。党的十八大报告指出："广开进贤之路，广纳天下英才，是保证党和人民事业发展的根本之举。要尊重劳动、尊重知识、尊重人才、尊重创造，加快确立人才优先发展战略布局，造就规模宏大、素质优良的人才队伍，推动我国由人才大国迈向人才强国。"②从党的十八大开始，不仅强调发现和使用更多的人才，而且更加注重人才队伍的素质与结构，尤其是与中国各项发展事业、民族复兴伟业的高度关联性。从而强调加速推进由人才大国向人才强国的转变，这意味着新时代中国特色社会主义，党特别强调人才资源对于建成社会主义现代化强国和实现中华民族伟大复兴的重大意义，同时对人才以及人才队伍建设提出了相较以往来说更高的能力素质要求，这意味着人才整体结构、能力素质与现代化强国事业、民族复兴伟业的关联度更高，人才资源一定程度上决定了现代化强国事业能否实现。2021年，习近平总书记在中央人才工作会议上强调："综合国力竞争说到底是人才竞争。人才是衡量一个国家综合国力的重要指标。国家发展靠人才，民族振兴靠人才。我们必须增强忧患意识，更加重视人才自主培养，加快建立人

---

① 《邓小平文选》第3卷，人民出版社1993年版，第120页。
② 《十八大以来重要文献选编》（上），中央文献出版社2014年版，第41页。

才资源竞争优势。"[①] 世界层面综合国力竞争加剧，能否拥有适合于未来发展需要的人才队伍，能否为中国未来发展提供结构合理、高素质的人才，决定了中国在未来世界中的综合国力水平，以及在整个世界上的国际地位。此次中央人才工作会议，将国家发展、民族振兴的基点落在了人才上，说明人才对综合国力起到了基础性、关键性和决定性作用。建设现代化强国、实现第二个百年奋斗目标，高质量的人才队伍建设是基础性的工作，也是保证党和人民事业取得辉煌成就的人才支撑。

办好中国的事情，关键在党，关键在人，关键在人才。中国特色社会主义进入新时代，我国各项事业发展进入了一个新的历史阶段，面临着难得的历史机遇，我国已经具备了很好的发展基础，具有了适应发展需求的庞大人才队伍，人才结构不断优化、人才素质不断增强，对新时代中国特色社会主义社会建设的支撑能力显著增强。国际局势保持了总体和平环境，求发展、谋合作、期待共赢成为主流趋势。但也要看到，国际局势中的不确定性、不稳定性因素仍然存在，一些发达国家对我国的遏制、打压等还在继续，我国发展面临的外部环境和风险挑战仍然不容乐观。综合国力的竞争说到底是人才的竞争，要在竞争日趋激烈的国际环境中站稳脚跟，并且不断发展壮大自己，就必须把培养、引进、团结、使用各级各类优秀人才，作为提升我国综合国力的可靠基点。

（二）人才是实现民族振兴、赢得国际竞争主动的战略资源

人才优势是最大优势，综合国力的竞争实质上是人才的竞争，核心是人才结构与能力素质的竞争。国际层面已经深刻认识到了人才对于国家发展、民族振兴的重要意义，都把培养、引进、使用优秀人才

[①] 习近平：《深入实施新时代人才强国战略　加快建设世界重要人才中心和创新高地》，《人民日报》2021年9月29日。

作为重要战略举措。从人类社会现代化历程来看，一些最早进入现代化国家行列，尤其是处于发达资本主义国家行列的国家，往往是高度重视人才优势的国家，并且把人才资源作为重要的战略资源，从国家整体、长远发展角度做出了战略谋划、战略规划，进行了战略实施，从而为经济社会的迅猛发展与国际地位的迅速提升提供了有力的人才支撑。当前，我国处在可以大有作为的战略机遇期，党的十八大以来我国对人才的重视程度明显提升，人才对经济社会发展的贡献率明显提高，打好人才竞争主动仗、掌握主动权，已经成为新时代中国特色社会主义建设的首要战略考量。习近平总书记在2021年中央人才工作会议上总结道："党的十八大以来，党中央作出人才是实现民族振兴、赢得国际竞争主动的战略资源的重大判断，作出全方位培养、引进、使用人才的重大部署，推动新时代人才工作取得历史性成就、发生历史性变革。"[1] 党的十八大以来，党对人才资源的战略性意义有了更加深刻的理解与把握，对人才优势、人才竞争力对我国在国际上竞争优势的认识更加深刻了，并对做好人才工作做出了重大部署，扎实开展了卓有成效的战略实施，取得了预期的战略成果。

人才是实现关键技术突破的决定性因素，对赢得国际竞争主动权至关重要。全球科技革命和产业革命加速推进，人类社会正面临着第三次产业革命的到来。邓小平提出科技是第一生产力，现代社会科技发展迅猛，对生产力的解放与推动作用不断提升。一些发达资本主义国家之所以发展迅猛，在全球产业链中居于优势地位，并能够获得巨额利润，在于他们拥有世界一流的科研人员，掌握了全球科技竞争的人才优势。建党百余年来的发展历程，也证明了人才是科技创新、科技竞争的核心要素。西方发达国家科技大工程，都以聚集一批优秀科研人员为支撑。美国的"曼哈顿计划"，曾集中了除纳粹德国以外西

---

[1] 习近平：《深入实施新时代人才强国战略　加快建设世界重要人才中心和创新高地》，《人民日报》2021年9月29日。

方最优秀的科学家，动员10余万人参加这一工程。新时代新征程，我们党对人才是赢得国际竞争主动的战略资源有了更清晰的体认，对科技人才价值和人才发展规律等有了更深刻的认识。习近平总书记指出："要准确把握重点领域科技发展的战略机遇，选准关系全局和长远发展的战略必争领域和优先方向，通过高效合理配置，深入推进协同创新和开放创新，构建高效强大的共性关键技术供给体系，努力实现关键技术重大突破，把关键技术掌握在自己手里。"[1] 这一重大判断明确了要把关键技术掌握在自己手里，而要掌握关键技术，就必须培养、引进和使用一流的科技人才。关键技术的突破只能靠一流的人才队伍来实现。我们党着眼于实现关键技术的突破，形成在国际社会上的原创性、引领性技术，特别强调人才作为核心竞争力的重要性。

拥有一支高水平的战略科技力量，有助于快速掌握国际竞争主动权。人才是优势资源，但人才不能单打独斗，更不能陷入封闭僵化。只有打造高水平的科研团队，才能发挥人才的整体综合效能，做出单个人才难以完成的重大创新和实质进展。国际层面的大科学工程、有组织的科研团队等，都曾在人类社会发展史上作出了令世人瞩目的重大科技贡献，对掌握国际竞争主动权起到了关键性的支撑作用。中国第一颗原子弹爆炸成功，虽然有钱学森这样世界著名的空气动力学家，但他不是一个人在研究，仅靠他一个人也难以实现第一颗原子弹试爆成功。在这个大科学工程中，汇聚了相当多的科学家，参研的科技人员、职工和干部等也非常多。钱学森说道："在复杂的工程技术工作当中，比如说，在发射人造卫星、研究原子弹、氢弹这些很复杂的科学技术工作当中，我们发现需要一个当技术参谋的部门。也就是说，一个工程师，或者一个总工程师加上几个副总工程师，已经不能够应付局面，已经不能够抓复杂体系的设计工作了，必须要有一个在我们的

---

[1] 习近平：《在中国科学院第十七次院士大会、中国工程院第十二次院士大会上的讲话》，《人民日报》2014年6月10日。

工作当中，称之为总体设计部的部门。这个部门不是几个人，也不是十几个人，常常是几百人，甚至于近千人的组织。"[1] 像钱学森这样的人就是战略科学家，他不仅自己具备很高的科技研究能力与水平，还在长期的科研实践中升华出战略谋划、科学管理的优秀品质。习近平总书记在党的十九大报告中强调："培养造就一大批具有国际水平的战略科技人才、科技领军人才、青年科技人才和高水平创新团队。"[2] 培养造就一大批战略科技人才，是抢占世界科技前沿，提升自主创新能力，做出具有国际影响力、引领性的突出科技成就等的前提条件。对于打造战略科技力量，习近平总书记在中央人才工作会议上已经做出了总体性、前瞻性的战略决策：2035年我国战略科技力量和高水平人才队伍位居世界前列。战略科技力量将为开展重大科技攻关，强化建设世界科技强国对建成社会主义现代化强国的战略支撑，发挥极为重要的、不可替代的关键作用。

聚天下英才而用之，是实现民族振兴、赢得国际竞争主动的重要保障。赢得国际竞争主动，不仅需要强有力的战略科技力量，也需要一大批可堪重用的高素质人才。这支人才队伍数量越多越好，质量越高越好。邓小平在《把教育工作认真抓起来》中说："一个十亿人口的大国，教育搞上去了，人才资源的巨大优势是任何国家比不了的。有了人才优势，再加上先进的社会主义制度，我们的目标就有把握达到。"[3] 他认为当时的中国不是人才多了，很多真正的人才没有被发现和起用。如果发现和起用了更多的人才，再加上优越的社会主义制度作为保证，那么中国未来的发展目标将会实现。习近平总书记在党的二十大报告中强调："我们要坚持教育优先发展、科技自立自强、人才引领驱动，加快建设教育强国、科技强国、人才强国，坚持为党育人、

---

[1] 钱学森：《钱学森讲谈录》，九州出版社2009年版，第16页。
[2] 本书编写组编著：《党的十九大报告辅导读本》，人民出版社2017年版，第31页。
[3] 《邓小平文选》第3卷，人民出版社1993年版，第120页。

为国育才，全面提高人才自主培养质量，着力造就拔尖创新人才，聚天下英才而用之。"①人才的数量、质量和作用，逐渐成为制约国家竞争力，乃至影响国际竞争主动权的重要因素。据钱学森介绍，20世纪60年代美国人搞登月飞行，参加制造火箭、飞船整个活动的有42万人。我国"两弹一星"工程，汇聚了全国一大批科学技术人员、工程技术人员、后勤保障人员。功以才成，业由才广。毛泽东曾说人是世间一切事物中第一个可宝贵的，他所说的人不是泛指一切人，而是具有一定能力素质的劳动者。多年来，虽然党特别重视培养人才、发现人才、起用人才，但由于一些机制体制障碍，导致对人才的评价、发现与使用都存在一定的问题。新时代，高素质人才还处于较为匮乏的状态，只有充分利用国内国际两种人才资源，大力培养与引进人才，才能有助于赢得国际竞争主动，加快中华民族伟大复兴进程。

（三）人才是推动经济社会发展的重要因素

经济社会发展涉及方方面面，如经济、政治、科技、文化、教育、生态、社会等。人类社会史以及人类文明史，说到底都是由广大人民群众推动的，尤其是人民群众中的各级各类人才。进入现代社会以来，人才对推动经济社会发展起到了明显的加速作用。按照马克思主义的观点，经济社会发展首先体现在生产力的发展上，现代资本主义社会创造了巨大的生产力，这是以往人类社会发展史不曾有过的。社会生产力的迅猛发展，与所有制形式的改变以及社会分工当然有一定的关系，但从根本来说取决于人才所做出的贡献。资本主义社会之所以能够创造十分巨大的生产力，在于这种社会进入了机器大工业阶段。大量使用机器进行生产，取代了原来的工场手工业，建立起机器大工业

---

① 习近平：《高举中国特色社会主义伟大旗帜　为全面建设社会主义现代化国家而团结奋斗——在中国共产党第二十次全国代表大会上的报告》，人民出版社2022年版，第33—34页。

为主体的产业结构。机器的发明与使用，正是一些科技人才的杰出贡献使然，从而才能推动生产力的巨大发展，创造出巨大的社会财富，资本主义经济社会才呈现出迅猛发展的繁荣态势。马克思、恩格斯在《共产党宣言》中既有对资本主义生产方式的激进批判，也有对这种生产方式历史合理性的承认，即这种生产方式由于引入了科技，造成了生产力急剧发展，为加速这种社会瓦解埋下了隐患，为未来社会奠定了丰厚物质基础。

科技人才的发现与使用，是推动经济社会发展繁荣的重要因素。从马克思所处的时代来看，他和恩格斯已经高度关注到了科技对经济社会发展的重要作用。马克思把科学首先看成是历史的有力杠杆，看成是最高意义上的革命力量。马克思、恩格斯在《共产党宣言》中说："资产阶级在它的不到一百年的阶级统治中所创造的生产力，比过去一切世代创造的全部生产力还要多，还要大。自然力的征服，机器的采用，化学在工业和农业中的应用，轮船的行驶，铁路的通行，电报的使用，整个整个大陆的开垦，河川的通航，仿佛用法术从地下呼唤出来的大量人口——过去哪一个世纪料想到在社会劳动里蕴藏有这样的生产力呢？"[1]他们在这一重要论述中对科技带来经济社会的巨大改变给予了应有的关注。西方社会的现代化，离不开科学技术的现代化，而科学技术现代化的前提，是具有一支数量多、质量高的科技人才队伍。邓小平认识到没有科技的高速发展，就没有国民经济的高速发展，科技高速发展的前提是科技人才的大量涌现与得到重用。1978年，邓小平《在全国科学大会开幕式上的讲话》中指出："我们向科学技术现代化进军，要有一支浩浩荡荡的工人阶级的又红又专的科学技术大军，要有一大批世界第一流的科学家、工程技术专家。造就这样的队伍，是摆在我们面前的一个严重任务。"[2]进入新时代，党对造就世

---

[1] 《马克思恩格斯选集》第1卷，人民出版社2012年版，第405页。
[2] 《邓小平文选》第2卷，人民出版社1994年版，第91页。

界一流战略科技力量、科学家群体、工程技术专家,有了更加深入的认识与战略谋划。当代经济社会的发展,对关键核心技术的依赖明显增强,谁拥有了关键核心技术,谁就拥有了全球核心竞争力,就拥有了经济社会发展的可靠支撑,就可以维护国家的经济社会安全以及其他安全。习近平总书记在中国科学院第十九次院士大会、中国工程院第十四次院士大会上强调,关键核心技术是要不来、买不来、讨不来的,必须把关键核心技术掌握在自己手中。关键核心技术的攻关与出现,只能依靠大批爱党报国、攻坚克难的科技人才队伍。人才自主创新能力的提升,是建设创新性国家的基础,是推动经济社会发展的重要人才支撑。

调整经济结构、转变经济发展方式,依赖具有自主创新能力的人才队伍。调整经济结构、转变经济发展方式,是促进新时代经济高质量发展的前提。改革开放40余年的时间里,中国经济社会保持了长期快速发展的态势,取得了令世人瞩目的经济社会发展成就。但发展中面临的突出问题不容忽视,这就是经济发展方式存在的明显弊端,中国经济发展方式面临从粗放式增长向集约式增长转变的任务,面临从劳动密集型向技术密集型转变的任务。这些转变能否顺利实现,直接关系中国在全球经济体系中的竞争力,关系中国未来经济社会可持续发展,进而关系到能否以中国式现代化全面推进中华民族伟大复兴。以往依靠投入资源、产出效率低下、损害环境明显等为主的发展方式,各种弊端与消极效应逐渐显现,经济发展方式转向依靠知识、技能、创造的需求十分迫切。吴江等认为:"只有实现经济增长方式由过度消耗自然资源的粗放式向依靠知识、技能和创造的集约式的根本转变,才能推进人与自然的全面和可持续发展,社会才能实现和谐,改革开放才能不断深化。"[①] 改革开放只有进行时,没有完成时,中国改革

---

① 中国人才研究会编,吴江等著:《人才强国战略概论》,党建读物出版社2017年版,第38页。

第一章
人才强国战略是中国式现代化的重要支撑

开放政策是确定不移的。要想把改革开放顺利推进下去，就必须在深刻把握当代经济结构、经济发展方式的基础上，主动做出符合历史发展大势的战略选择，积极推进经济结构调整和经济发展方式转变。当代生产力发展有向柔性、智能、精细转变的态势，对高新技术的依赖程度明显提高。这就意味着片面依靠资源、体力劳动，以损害环境为代价，已经远远落后于时代了。人工智能、高端芯片、新能源、新材料等成为新兴产业，要提高我国经济发展的含金量，促进我国产业迈向全球价值链中高端，就必须使传统产业向信息化、数字化、智能化转变，打造更具全球竞争力的产业链。这些都需要具备自主创新能力的人才队伍作为有力支撑，否则调整经济结构、转变经济发展方式将难以实现，高质量的经济社会发展也难以实现。

高水平的哲学社会科学人才队伍对经济社会发展起到不可替代的作用。一个社会的发展不仅需要自然科学，也需要哲学社会科学。哲学社会科学虽然不同于自然科学的研究范式，研究成果对物质文明的进步也不是显性的，但由于哲学社会科学主要关注自然界、人类自身、社会发展等方面，从而对整个社会的精神文明建设、文化软实力、价值引导力等有重要作用。恩格斯曾强调理论思维对一个国家、民族发展的极端重要性，哲学社会科学特别关注对人的素质、社会发展规律、价值理念等的研究。它所取得的研究成果，涉及人的思维能力、思维素质、思维方法等，涉及塑造与引领人类社会健康发展的价值理念与价值追求，涉及对人类社会发展规律的认识，尤其是马克思主义哲学对人类社会发展规律的科学认识，即关于生产力与生产关系、经济基础与上层建筑之间矛盾运动规律的认识，对人们自觉运用该规律，适当调整生产力与生产关系、经济基础与上层建筑之间的关系，从而推动生产力的发展，起到了积极的促进作用。从人类社会发展史来看，不仅自然科学是推动经济社会发展的重要因素，哲学社会科学同样是不可或缺的重要因素。习近平总书记在哲学社会科学工作座谈会上指出:"在这个过程中,哲学社会科学具有不可替代的重要地位,哲学社会科学工作者具有不可替代的重要作用。"[1] 邓小平在《坚持四项基本原则》中认识到了哲学社会科学的重要地位:"不过我并不认为政治方面已经没有问题需要研究,政治学、法学、社会学以及世界政治的研究,我们过去多年忽视了,现在也需要赶快补课。"[2] 江泽民也有"培养高水平的哲学社会科学家,与培养高水平的自然科学家同样重要"[3]的重要论述。哲学社会科学为经济社会发展,提供了认识世界和改造世界的重要理论武器,成为引领社会变革、建立理想社会制度的思想引擎与重要动力。哲学社会科学的研究水平,集中体现了一个国家的思想水准、精神品质、价值高度、文明程度等,是决定一个国家综合国力与国际竞争力的重要软实力。拥有一批高水平的哲学社会科学人才,是推动哲学社会科学高质量发展的人才基础,对经济社会繁荣发展同样起到不可替代的重要作用。

二、新时代人才强国的深刻内涵

从坚定实施人才强国战略到深入实施人才强国战略,党的十八大以来习近平总书记发表了很多关于人才工作的重要论述,对新时代中国特色社会主义发展,从人才支撑的角度进行了战略谋划,提出了宏伟的战略目标,即建设世界重要人才中心和创新高地。就渴求人才、尊重人才、发现人才、使用人才等方面,提出了很多新观点新论断新思想,为新时代人才工作提供了重要指导和根本遵循。尤其是2021年习近平总书记在中央人才工作会议上的重要讲话,高屋建瓴、视野宏大、内涵丰富、思想深刻,科学回答了新时代人才工作的一系列重大

---

[1] 习近平:《在哲学社会科学工作座谈会上的讲话》,《人民日报》2016年5月19日。
[2] 《邓小平文选》第2卷,人民出版社1994年版,第180—181页。
[3] 《江泽民论有中国特色社会主义(专题摘编)》,中央文献出版社2002年版,第275页。

理论和实践问题，为深入实施人才强国战略提供了顶层设计与战略规划。党的二十大报告第五部分特别强调"强化现代化建设人才支撑"，其中第四点专门论述深入实施人才强国战略。由此可以看到，党的十八大以来党对人才工作的高度重视。新时代十年，习近平总书记在一些重要论述中多次论及人才工作，表现出对人才工作的深入思考、顶层设计、政策举措，其中也蕴含了丰富的思想内涵，值得深入领悟与阐释。2021年的中央人才工作会议和2022年的党的二十大，把新时代我们党对人才工作的重视程度提到了一个新的高度，这就是从关系建成人才强国的战略高度，为建成社会主义现代化强国提供可靠人才支撑。

（一）人才是第一资源

习近平总书记曾说"致天下之治者在人才"，人才是最可宝贵的资源。我们党历来重视人才，重视人才对中国社会发展的重要作用。毛泽东的一些重要论述已经蕴含着人才是重要资源、人才是重要竞争优势的思想。进入新世纪新阶段，党对人才在提升综合国力、经济社会发展、国际竞争优势等方面的重要性，获得了更加深刻的理解和认识。这种认识的获得基于建设中国特色社会主义理论与实践的发展，其深层背景是中国改革开放事业的快速发展与迅速推进，中国在加快发展自己的同时，也在积极融入国际社会，参与国际分工和商业贸易等活动，势必进入全球竞争体系之中。改革开放伟大实践的加速推进，导致了巨大的人才缺口以及对大量人才的迫切需求。人才工作面临的紧迫形势突显出来，导致党和国家对人才的认识逐步深化，关于人才的作用、规模、结构、素质等方面的理论也在逐渐发展。2001年8月7日，江泽民在北戴河同国防科技专家和社会科学专家座谈时指出："做好人才工作，首先要确立人才资源是第一资源的思想，克服见物不见人和重使用轻培养的倾向。"①这是"人才资源是第一资源"的首次提出，表明党对人才重要地位、重要作用的认识上升到了一个新高度。2010年5月25日，胡锦涛在全国人才工作会议上强调："人才是一种可持续开发的资源，人才优势是最需培育、最有潜力、最可依靠的优势。"②在这段论述里，也蕴含着人才资源是第一资源的思想。

新世纪新阶段党对人才资源作为第一资源的认识，处在形成与发展的过程中。进入新时代，习近平总书记对人才资源是第一资源的认识更加深刻，发表了很多相关的重要论述。2013年，在欧美同学会成立100周年庆祝大会上的讲话中，他高度肯定了人才资源作为第一资源，对党和人民事业发展的突出重要性，他指出："综合国力竞争说到底是人才竞争。人才资源作为经济社会发展第一资源的特征和作用更加明显，人才竞争已经成为综合国力竞争的核心。谁能培养和吸引更多优秀人才，谁就能在竞争中占据优势。"③2018年，在庆祝改革开放40周年大会上的讲话中，习近平总书记强调要坚持"人才是第一资源的理念"。这就把人才是第一资源上升到了理念的层面，成为指导党和人民事业发展必须遵循的重要理念。2021年，他在中国科学院第二十次院士大会、中国工程院第十五次院士大会、中国科协第十次全国代表大会上的讲话中，明确提出"培养人才第一资源"。这是继他明确强调人才是第一资源之后，特别关心培养人才第一资源，表明"人才第一资源"从理念进入到注重培养的实质进展。习近平总书记在党的二十大报告中强调："必须坚持科技是第一生产力、人才是第一资源、创新是第一动力，深入实施科教兴国战略、人才强国战略、创新驱动发

---

① 《江泽民文选》第3卷，人民出版社2006年版，第319页。
② 《胡锦涛文选》第3卷，人民出版社2016年版，第390页。
③ 习近平：《在欧美同学会成立100周年庆祝大会上的讲话》，《人民日报》2013年10月22日。

展战略,开辟发展新领域新赛道,不断塑造发展新动能新优势。"① 从习近平总书记上述重要论述可以看出,新时代十年党对人才是第一资源的理解在加深,尤其对人才资源对经济社会繁荣发展、取得重大科技创新成果、在一些领域赢得国际领先或前列地位等方面,都做了非常积极的正面评价。回顾党百余年奋斗历程,习近平总书记高度肯定了人才是实现民族振兴、赢得国际竞争主动的战略资源。

新时代,党在突出强调人才是第一资源的过程中,不只是停留在理念上,而是着力将理念变为实践,在具体的行动中实现"人才是第一资源"。党深刻认识到,在接近实现中华民族伟大复兴宏伟目标的时期,党比历史上任何时期都更加渴求人才。打造人才比较优势,实现人力资源大国向人才强国加速转变,进而极大提升人才资源对党和人民事业的支撑能力,既是新时代人才工作的战略目标,也是建成社会主义现代化强国的战略选择。从这个意义上说,人才资源作为第一资源,作为极具国际竞争力的战略资源,就成为开启第二个百年奋斗目标新征程的关键所在。有了中国共产党的坚强领导和中国特色社会主义制度的显著优势,再加上党对人才资源作为第一资源的高度重视,就成为推动社会主义现代化强国建设、实现中华民族伟大复兴的坚强保障。党的十八大以来,建设人才强国的步伐加快,人才是第一资源的理念也在加速落实。党的十八大提出了"广开进贤之路,广纳天下英才",特别强调要注重开发利用国内国际人才资源,把人才是第一资源真正落到实处。党以开阔的全球视野,既注重国内人才资源的发现、培养与使用,又特别注重国际人才资源的开发利用,实施了更加开放的留学人员政策,大力推动实施了"千人计划""万人计划"。通过卓有成效的政策举措,人才是第一资源的理念逐步深入人心,识才、爱才、用才、容才、聚才等,成为加快推进人才是第一资源理念

---

① 习近平:《高举中国特色社会主义伟大旗帜 为全面建设社会主义现代化国家而团结奋斗——在中国共产党第二十次全国代表大会上的报告》,人民出版社2022年版,第33页。

落地的良好举措，目的就是把党内和党外、国内和国外各级各类优秀人才聚集到党和人民的伟大奋斗中来，投入到新时代中国特色社会主义伟大事业中去，为实现中华民族伟大复兴提供源源不断的优秀人才资源。

（二）创新驱动实质是人才引领驱动

2012年7月，胡锦涛在《建设国家创新体系》中提出了"创新驱动"，认为推动发展要更多依靠创新驱动。他说："必须把创新驱动发展作为面向未来的一项重大战略，一以贯之、长期坚持，推动科技实力、经济实力、综合国力实现新的重大跨越。"[1] 胡锦涛在此次重要讲话中同时提到了创新驱动发展战略，强调把创新驱动发展战略贯彻到现代化建设整个进程。党的十八大报告作出了实施创新驱动发展战略的重大部署，这一战略的提出意味着党更加重视创新在推动发展中的极端重要作用。墨守成规已经难以适应世界发展形势的需要，难以在未来国际竞争中取得优势地位，从而对综合国力、经济社会发展、民族复兴伟业等，都将产生极为不利的影响。因此，特别重视创新就成为关系党和人民事业，进而关系中华民族前途命运、全体中国人民福祉的决定性因素。习近平总书记在欧美同学会成立100周年庆祝大会上的讲话中深刻指出："创新是一个民族进步的灵魂，是一个国家兴旺发达的不竭动力，也是中华民族最深沉的民族禀赋。在激烈的国际竞争中，惟创新者进，惟创新者强，惟创新者胜。留学人员视野开阔，理应走在创新前列。"[2] 他的这一重要论述，将创新对于一个国家、民族的深远意义揭示出来。在中国科学院第十七次院士大会、中国工程院第十二次院士大会上，习近平总书记强调科技创新对发展社会生产力和增强综合国力，将发挥重要战略支撑作用，必须摆在国家发展全局的核心

---

[1] 《胡锦涛文选》第3卷，人民出版社2016年版，第599页。
[2] 习近平：《在欧美同学会成立100周年庆祝大会上的讲话》，《人民日报》2013年10月22日。

位置。强调创新、创新驱动对我国经济社会发展的重要性，就是强调创新型人才的重要地位与重要作用。因为创新、创造总是优秀人才的活动与行为，没有敢于创新、善于创新的各级各类人才，就没有所谓的创新与创新驱动。

习近平总书记在中国科学院第十七次院士大会、中国工程院第十二次院士大会上强调："人是科技创新最关键的因素。创新的事业呼唤创新的人才。"[1]这就明确指出了人才是创新、创新驱动的关键所在，一定意义上也蕴含着创新驱动发展战略与人才强国战略的内在关系。在上述讲话中，习近平总书记还强调了在新一轮科技革命与产业变革的机遇面前，能否抓住机遇，关键在于在新赛场建设之初就加入其中，并能主导一些赛场的建设，比如赛场规则的制定权、新的竞赛场地的主导权等，都需要以一招鲜、几招鲜的创新实力作为重要支撑。我国经济社会发展要想后来居上、弯道超车，需要以实实在在的创新驱动作为保证，需要大力鼓励创新、推动大量创新成果涌现。谋创新、抓创新、促创新，说到底就是抓创新人才的发现、引进与使用，没有一定数量的创新人才作为有力支撑，创新活动乃至创新成果就难以实现预期的目标。没有一定数量的创新人才，国家在国际竞争中势必处于劣势，将严重危及整个国家乃至人民的未来前途命运。在世界产业升级的激烈角逐中，能否处于产业链的有利地位，获得产业升级中的优势地位，关键在于对人力资本的重视以及开发利用。只有拥有了高水平的人力资本，才能为产业发展带来越来越高的附加值，进而终结依靠资源要素大规模投入的产业模式，创造具有世界竞争优势的产业新模式。习近平总书记在中国科学院第十九次院士大会、中国工程院第十四次院士大会上强调："我们坚持创新驱动实质是人才驱动，强调人才是创新的第一资源，不断改善人才发展环境、激发人才创造活力，

---

[1] 习近平：《在中国科学院第十七次院士大会、中国工程院第十二次院士大会上的讲话》，《人民日报》2014年6月10日。

大力培养造就一大批具有全球视野和国际水平的战略科技人才、科技领军人才、青年科技人才和高水平创新团队。"[1] 在这段重要论述中，习近平总书记明确提出了"创新驱动实质是人才驱动"，而且指出人才是创新的第一资源，这就深化了对创新驱动、人才是第一资源的理解。

创新的事业呼唤创新人才，创新的事业依赖创新人才。人才引领驱动成为创新驱动发展战略的题中之义，这是新时代人才强国战略做出的重大判断，也是对人才强国战略的创造性发展与原创性贡献。通过把人才引领驱动内在植入创新驱动发展战略的方式，更加突显了人才是第一资源的重要性，从而建立起了科教兴国战略、人才强国战略与创新驱动发展战略的内在统一关系，将人才的中心地位、突出作用等，作为贯穿三个战略的内在线索，目的是强化现代化建设人才支撑。人才不仅引领驱动，人才还能引领发展。发展是解决我国所有问题的关键，发展的关键又在人才，人才已经成为关系我国经济社会未来发展的决定性因素。习近平总书记在中国科学院第十九次院士大会、中国工程院第十四次院士大会上指出："牢固确立人才引领发展的战略地位，全面聚集人才，着力夯实创新发展人才基础。功以才成，业由才广。世上一切事物中人是最可宝贵的，一切创新成果都是人做出来的。硬实力、软实力，归根到底要靠人才实力。全部科技史都证明，谁拥有了一流创新人才、拥有了一流科学家，谁就能在科技创新中占据优势。"[2] 2021年，习近平总书记在中央人才工作会议上擘画了我国人才发展的战略目标，这就是加快建设世界重要人才中心和创新高地。

---

[1] 习近平：《在中国科学院第十九次院士大会、中国工程院第十四次院士大会上的讲话》，《人民日报》2018年5月29日。
[2] 习近平：《在中国科学院第十九次院士大会、中国工程院第十四次院士大会上的讲话》，《人民日报》2018年5月29日。

（三）爱党报国、敬业奉献、服务人民的价值旨归

政治正确、品德高尚的人才，能够对国家、民族、社会、人民作出积极的贡献。人才虽然要具备优良的专业素质，但首先必须具备过硬的政治素质，政治正确成为衡量人才的首要标准。百余年来党的人才工作，始终注重兼顾政治标准与专业标准，坚持德才兼备、选贤任能。党的十一届六中全会通过的《中国共产党中央委员会关于建国以来党的若干历史问题的决议》指出："用马克思主义世界观和共产主义道德教育人民和青年，坚持德智体全面发展、又红又专、知识分子与工人农民相结合、脑力劳动与体力劳动相结合的教育方针，抵制腐朽的资产阶级思想和封建残余思想的影响，克服小资产阶级思想的影响，发扬祖国利益高于一切的爱国主义精神和为现代化建设贡献一切的艰苦创业精神。"[①] 我们党历来都特别注重将人才的政治素质放在首位，以保证优秀人才正确的政治方向，发挥他们对社会主义革命、建设与改革的积极作用，推动社会主义社会蓬勃发展。

新时代党的人才工作，更加强调人才首先要具备过硬的政治素质，将过硬的政治素质看作干事创业、取得非凡业绩的前提。习近平总书记在2021年中央人才工作会议上强调："广大人才要继承和发扬老一辈科学家胸怀祖国、服务人民的优秀品质，心怀'国之大者'，为国分忧、为国解难、为国尽责。"[②] 钱学森是著名火箭专家，在得知新中国成立后，一心想着早日回到祖国，为自己的国家效力。但美国政府以各种各样的理由，甚至对钱学森采取政治迫害、软禁的方式，竭力阻挠钱学森回国效力。因为美国政府知道钱学森在火箭、导弹等方面具有无可比拟的卓越才能，放钱学森回国将会使新生的中国红色政权更加

---

① 《三中全会以来重要文献选编》（下），人民出版社1982年版，第842页。
② 习近平：《深入实施新时代人才强国战略　加快建设世界重要人才中心和创新高地》，《人民日报》2021年9月29日。

强大，不利于美国在世界上的强势地位。但钱学森在迫害面前没有退缩，心中始终惦念着为新中国效力。最后通过写在一张小香烟纸上的"请求祖国政府帮助他回国"的信，加上周恩来的周密部署，以及中美大使级会谈中方代表王炳南的出色谈判，美国政府无奈批准了钱学森回国效力的要求。钱学森冲破重重阻力回国效力的事例，说明了以钱学森为代表的老一辈科学家，具有胸怀祖国、报效祖国、服务人民的优良品质，他们是德才兼备的十分难得的优秀人才。习近平总书记在党的二十大报告中进一步强调："坚持党管人才原则，坚持尊重劳动、尊重知识、尊重人才、尊重创造，实施更加积极、更加开放、更加有效的人才政策，引导广大人才爱党报国、敬业奉献、服务人民。"[1] 引导广大人才爱党报国、敬业奉献、服务人民的要求，体现了新时代党对各级各类人才的价值要求，目的是端正各级各类人才干事创业的价值追求，确保各级各类人才始终在中国共产党的坚强领导下，为奋力推进新时代中国特色社会主义事业添砖加瓦，为建成社会主义现代化强国、实现中华民族伟大复兴做出实实在在的、经得起历史和人民检验的不朽业绩。

为人民服务是党的性质和宗旨的集中体现，是党领导全国各族人民进行一切伟大奋斗的根本宗旨，构成了人才强国战略的重要价值旨归。百余年来我们党一直秉持"我是谁、为了谁、依靠谁"的理念，始终把人民放在心中最高位置，坚持立党为公、执政为民的理念，始终把人民的根本利益作为工作的出发点和落脚点。习近平总书记在党的十九大报告中指出："全党必须牢记，为什么人的问题，是检验一个政党、一个政权性质的试金石。带领人民创造美好生活，是我们党始终不渝的奋斗目标。必须始终把人民利益摆在至高无上的地位，让改革发展成果更多更公平惠及全体人民，朝着实现全体人民共同富裕不

---

[1] 习近平：《高举中国特色社会主义伟大旗帜　为全面建设社会主义现代化国家而团结奋斗——在中国共产党第二十次全国代表大会上的报告》，人民出版社2022年版，第36页。

断迈进。"① 人才强国战略的深厚价值理念，不仅包括浓重的爱国主义精神，还包括真挚的服务人民的价值取向。服务人民不是一句口号，它深刻体现了马克思主义政党执政的根本价值立场，并严格区别于其他一切政党的价值立场，从而构成了中国共产党人的初心使命。新时代，党始终坚持人民至上的价值立场，坚持以人民为中心的发展思想，将人民作为检验工作得失的阅卷人。各级各类人才只有将自己的事业深深扎根于人民的沃土，才能结出累累硕果。这些果实只有真正惠及人民，给人民带来更多的获得感、幸福感、安全感，才能真正实现它们的社会效益。习近平总书记在欧美同学会成立100周年庆祝大会上指出："在中国的大地上，要想有建树、有成就，关键是要脚踏着祖国大地，胸怀着人民期盼，找准专业优势和社会发展的结合点，找准先进知识和我国实际的结合点，真正使创新创造落地生根、开花结果。"② 新时代，中国超级计算机研制团队研制的"天河二号"多次蝉联世界超算500强榜首，在惠及民生上显示出广阔的应用前景。"天河二号"在算天、算地、算人等方面都取得了重要进展，对进一步改善民生将发挥十分重要的作用，其应用行业涉及生命、能源、宇宙等学科，在气候变化模拟、资源勘探、基因测序、生物医学、污染治理、高速列车设计制造等领域将大显身手，体现了服务人民的鲜明价值导向。

党的二十大报告强调，培养造就大批德才兼备的高素质人才，是国家和民族长远发展大计。各级各类人才只有胸怀祖国和人民，始终以强烈的社会责任感和使命感作为支撑，才能做出真正有价值的科研成果，才能真正书写精彩的人生华章。增进人民福祉、实现人民幸福，始终是我们党一切工作的出发点和落脚点。人民对美好生活的向往既是我们党的奋斗目标，也构成了各级各类人才奋斗的着眼点：将自己的聪明才智贡献于解决人民最关心、最直接、最现实的问题上。进入

---

① 本书编写组编著：《党的十九大报告辅导读本》，人民出版社2017年版，第44页。
② 习近平：《在欧美同学会成立100周年庆祝大会上的讲话》，《人民日报》2013年10月22日。

新时代，中国特色社会主义建设进入了新的发展阶段，曾经困扰人民温饱等方面的需求已经得到了满足，人民在经济、政治、文化、社会、生态等方面提出了一些更高层次的需求。人民的新需求与建成现代化强国相互交织，对新时代人才工作提出了更高的要求，即要保持深厚的家国情怀和强烈的社会责任感，为党、为祖国、为人民鞠躬尽瘁、不懈奋斗。

（四）培养造就规模宏大的高素质人才队伍是重点工作

人才强国战略不是简单的、短视的、零散的，而是着眼长远、整体谋划、系统推进的重大工程，其中非常重要的是高素质人才队伍建设。邓小平认为中国社会不是人才多了，而是缺乏数量充足、质量优良的人才。江泽民在《人才资源是第一资源》中指出："党的知识分子工作的重点，是建设适应党和人民事业的发展需要、高素质的各方面专业技术人才队伍。"[①] 这是中国社会进入新世纪新阶段做出的判断，这段论述意味着建设高素质的专业人才队伍，构成了党的知识分子工作的重点。随着时代形势的变化，科技革命与产业变革对人才的需求日趋强烈，经济社会发展更加依赖人才，培养造就规模宏大的高素质人才队伍，即人才队伍建设成为党的人才工作的重点所在。胡锦涛在《实现人力资源大国向人才强国转变》的开篇指出："国家中长期人才发展规划纲要提出了到二〇二〇年我国人才发展总体目标，这就是：培养造就规模宏大、结构优化、布局合理、素质优良的人才队伍，确立国家人才竞争比较优势，进入世界人才强国行列，为在本世纪中叶基本实现社会主义现代化奠定人才基础。"[②] 这个目标是在2010年全国人才工作会议上提出的，可以看作一个十年的预期目标。该目标的提出，意味着党对高素质人才队伍建设的认识程度更高了，即推进中国特色

[①] 《江泽民文选》第3卷，人民出版社2006年版，第321页。
[②] 《胡锦涛文选》第3卷，人民出版社2016年版，第389页。

社会主义事业需要的不是单打独斗、零散存在的人才，而是能够担负起重任使命的高素质人才梯队，进而保证中国特色社会主义事业沿着正确的方向加速推进。经过十余年的努力，2010年全国人才工作会议的总体目标基本实现，我国已经拥有了一支规模宏大、素质优良、结构不断优化、作用日益突出的人才队伍。

应该说，高素质人才队伍建设是一项事关长远的系统工程，国家、民族的各项事业不断发展，对高素质人才队伍的需求将持续增加，高素质人才队伍建设工作也将持续下去。习近平总书记指出："千秋基业，人才为先。实现中华民族伟大复兴，人才越多越好，本事越大越好。我国是一个人力资源大国，也是一个智力资源大国，我国13亿多人大脑中蕴藏的智慧资源是最可宝贵的。知识就是力量，人才就是未来。我国要在科技创新方面走在世界前列，必须在创新实践中发现人才、在创新活动中培育人才、在创新事业中凝聚人才，必须大力培养造就规模宏大、结构合理、素质优良的创新型科技人才。"[1] 这段重要论述说明，我国是人力资源大国，但还不是人力资源强国，尤其在科技创新方面，还没有形成一支规模宏大、结构合理、素质优良的人才队伍。高素质的人才队伍建设是一个持续不断的过程，是一代又一代人才队伍薪火相传、永攀高峰的过程。从"银河"系列巨型计算机到"天河"系列超级计算机，几代科研人员牢记党和人民的重托，持续攻关、敢打硬仗，突破了一个又一个关键技术，使我国的超级计算机性能一次次夺得桂冠。但是，世界层面的科技创新加速推进，世界各国在赢得超级计算机性能优势方面强势发力，素质过硬的人才梯队建设保证了我国在超级计算机领域的领先地位。没有规模宏大、形成梯队的高素质人才队伍，在一些重大科技领域很难取得领先地位，即使一时获得了领先地位，也难以持续保持领先地位。规模宏大的高素质人

---

[1] 习近平：《在中国科学院第十七次院士大会、中国工程院第十二次院士大会上的讲话》，《人民日报》2014年6月10日。

才队伍，成为关系中华民族伟大复兴的重要影响因素。习近平总书记在庆祝改革开放40周年大会上强调："我们要坚持德才兼备、以德为先、任人唯贤，着力培养忠诚干净担当的高素质干部队伍和宏大的人才队伍。"①2021年，习近平总书记在中央人才工作会议上指出，我国人才工作已经站在了一个新的历史起点上。

青年兴则国家兴，青年强则国家强。培养造就规模宏大的高素质人才队伍，青年人才的培养与使用是十分重要的。我们党历来重视青年人才的培养与使用，毛泽东曾说世界归根到底是青年人的，因为青年人朝气蓬勃、正值兴旺，犹如早上八九点钟的太阳，身上承载着希望。新时代，党的各种重要文献资料都特别强调做好青年工作。习近平总书记在党的十九大报告中深情寄语青年人才，新时代是实现中华民族伟大复兴中国梦的关键时代，这一伟大梦想属于年长者一代，更属于青年人一代，中国梦终将在一代代青年人的接续奋斗中实现。他在2014年与北京大学师生进行座谈，并对青年人才应该具备的能力素质作了高度概括。习近平总书记强调："青年是祖国的前途、民族的希望、创新的未来。青年一代有理想、有本领、有担当，科技就有前途，创新就有希望。"② 这段重要论述，与2018年他在北京大学师生座谈会上的重要讲话，都特别强调了青年人才对于党和人民事业的重大意义。如果说高素质人才队伍建设是人才工作的中心环节，那么青年人才的培养与使用便是队伍建设的重点任务。在涉及人才工作的相关重要讲话中，习近平总书记特别强调培养青年科技人才。在2021年中央人才工作会议上，他强调大胆起用青年人才，造就规模宏大的青年科技人才队伍，把培育国家战略人才力量的政策重心放在青年科技人才上，鼓励支持青年人才挑大梁、当主角。

---

① 习近平：《在庆祝改革开放40周年大会上的讲话》，《人民日报》2018年12月19日。
② 习近平：《在中国科学院第十九次院士大会、中国工程院第十四次院士大会上的讲话》，《人民日报》2018年5月29日。

三、新时代人才强国的理论基础

进入新世纪新阶段以来，我们党逐步形成和确立了人才强国战略，并将其上升为国家发展、民族振兴的重要战略。在历次全国人才工作会议上，都特别突出强调了人才对综合国力提升、经济社会发展繁荣、掌握国际竞争主动等的重要意义。人才作为富有中国特色的概念，主要有才干、才能、能力、素质等方面的含义，构成了国家经济社会发展的重要战略资源。新时代人才强国的理论基础并不是一蹴而就的，而是百余年来党的人才工作不断创新发展，经受了革命、建设、改革的伟大实践的检验，经过历代党中央领导集体研究凝练，逐步形成了具有中国特色的人才工作理论。这些人才工作理论，集中展现了百余年来党领导人才工作的理论与实践，展示了我们党对人才在革命、建设、改革的伟大实践中的重要地位与作用的认识，同时又展示了我们党结合国际形势变化、时代主题转换、经济社会发展等提出的新要求，对人才、人才分类、人才职能定位等形成的具有时代特点的认识。历届中央领导集体"充分肯定人才在经济社会发展中的决定性作用，始终都把人才事业发展作为关系党和国家前途命运的大事来抓"[1]。人才强国战略的形成与深入实施，具有一脉相承、接续推进的特点，同时又结合新时代的新形势新任务，提出了以"八个坚持"为主要内容的人才工作新理念新战略新举措。深刻回答了为什么建设人才强国、什么是人才强国、怎样建设人才强国的重大理论和实践问题，深化了我们党对人才事业发展的规律性认识。深入实施人才强国战略，需要深入挖掘与分析人才强国的理论基础，从而增强贯彻人才强国战略的自觉性和主动性。

---

[1] 中国人才研究会编，吴江等著：《人才强国战略概论》，党建读物出版社2017年版，第1页。

（一）人才对经济社会发展发挥重要作用的理论

中华民族自古以来就有重视人才、珍惜人才的传统，尤其是在我们党带领全国各族人民开展百余年伟大奋斗的过程中，更是特别强调人才对经济社会发展发挥的重要作用。毛泽东在带领中国人民进行艰苦卓绝的斗争中，十分重视掌握与运用马克思主义的人才，他认为有了这方面的更多人才将会大大加速中国革命胜利的进程。正因为如此，毛泽东特别重视有较高素质的劳动者，即人才在推动经济社会发展中的重要作用。他对人才的重视，主要着眼于当时中国革命的实践需求，在马克思主义传入中国并指导中国革命的情况下，是否能够真正把握马克思主义的精髓要义，是否能够真正结合中国革命实际，创造性地发展与运用马克思主义，并真实推动中国革命实践的顺利开展，对中国革命胜败产生了关键性的影响。这就意味着在社会面临剧烈变革的关键时刻，能否拥有真正掌握马克思主义、运用马克思主义改造世界的人才，对推动经济社会发展、及时变革落后的社会制度、推动建立符合人类社会前进方向的社会制度，将发挥举足轻重的作用。

邓小平非常重视知识分子工作，将知识分子看作中国社会主义事业的建设者，认为知识分子对建设中国特色社会主义将发挥十分重要的作用。他概括了"尊重知识，尊重人才"的八字原则，这个原则有力说明了他对知识分子的重视。邓小平说："第九条，概括地说就是'尊重知识，尊重人才'八个字，事情成败的关键就是能不能发现人才，能不能用人才。说具体点，现在有些五十多岁的同志很不错，但五十几岁的人再过十年就六十几岁了，所以要大胆起用中青年干部。特别是陈云同志讲要选拔三四十岁的年轻人，这个意见很好。这些年轻人选拔上来以后，可以干得久一些。"[①] 这段重要论述不仅提出了"尊

[①] 《邓小平文选》第3卷，人民出版社1993年版，第91—92页。

第一章
人才强国战略是中国式现代化的重要支撑

重知识,尊重人才"的原则,而且强调人才是事情成败的关键,这实际上表明了人才对经济社会发展发挥了关键性作用。在"文化大革命"结束之后,邓小平特别强调重视人才、培养人才、发现人才与使用人才。1991年,邓小平同几位中央负责同志谈话时讲了"总结经验,使用人才",着重指出了人才对于事业发展的重要性。人才不容易得到,一旦得到高水平的人才,对事业发展将会产生重要的影响,甚至"顶很大的事"。邓小平回顾了自己在1975年工作的时候,正是大胆起用了几个人才,才把一些工作整顿得很有成效,形成了很不一样的工作局面。这种工作经历给他留下了深刻的印象,使他对人才的尊重与珍视油然而生,通过具体使用人才,更加确定了他对人才突出作用和重要性的认识。邓小平不仅重视人才,还特别强调发现与使用人才,他建议当时的中央总结用人的问题,尤其要尊重人才,打开广纳贤士的道路。

江泽民把尊重知识、尊重人才,进一步发展为尊重劳动、尊重知识、尊重人才、尊重创造,体现了我们党对人才重要作用理论的深化。是对知识和知识分子重要地位的高度尊崇,对人才资源的高度尊崇。以胡锦涛同志为主要代表的中国共产党人强调全面贯彻"四个尊重"的方针,为当时形势下的人才工作指明了方向。以习近平同志为核心的党中央同样强调"四个尊重",高度重视人才在经济社会发展中的突出重要作用。"当今世界正处在大发展大变革大调整时期,世界多极化、经济全球化深入发展,科技进步日新月异,知识经济方兴未艾,加快人才发展是在激烈的国际竞争中赢得主动的重大战略选择。"[①] 新中国成立以来,我国高度重视发展科学技术,取得了一些在国际上有重大影响的科学技术成果,有力支撑了经济社会的发展,有效提升了我国的整体综合国力。进入新时代以来,国际层面综合国力比拼加剧,经济社会发展对创新人才的需求明显加快,对建设规模宏大、结构合理、

---

① 中国人才研究会编,赵永乐主编:《宏观人才学概论》,党建读物出版社2013年版,第27页。

素质优良的人才队伍提出了迫切需求。习近平总书记指出："世界科技强国必须能够在全球范围内吸引人才、留住人才、用好人才。我国要实现高水平科技自立自强，归根结底要靠高水平创新人才。"[①] 面对国际竞争实质上是人才竞争的特点，习近平总书记突出强调人才对实现高水平科技自立自强的重要作用，进而突显人才对建成社会主义现代化强国和实现中华民族伟大复兴的支撑作用。

（二）人才是最活跃的先进生产力的理论

马克思主义认为，劳动者是生产力构成要素中最核心的要素，无论是先进生产工具的制造与使用，还是劳动对象的发现与改造，都离不开人的因素的作用。这里所说的劳动者不是普通的劳动者，而是具备一定知识结构、能够适合完成相关领域任务的高级劳动者。虽然马克思没有对生产力中劳动者的素质做出十分明确的分析，但从他以后对脑力劳动者的肯定来看，脑力劳动者的劳动作为更高层次的复杂劳动，能够比简单劳动创造更多的价值。可以说，生产力理论体现了人在改造自然过程中的能力水平，而人在改造自然的过程中，已经超出了动物单纯靠生命力量协调与自然关系的层次。人更多依赖智力、能力素质等智能因素来协调与自然之间的关系，从而保证人在地球上的生存与发展。而且人还以超生命的文化传承等方式，保存和创新以往世代的智能因素，进而使得人的智能因素获得了历史性的发展。在这个过程中，各级各类人才扮演了十分重要的角色，引领着人类社会前进与发展的步伐，创造了光辉灿烂的先进生产力。恩格斯在《自然辩证法》中认为蒸汽机是真正国际性的发明，并且体现了历史进步性的意义。

邓小平认为，社会主义社会的本质是解放生产力和发展生产力，

[①] 习近平：《在中国科学院第二十次院士大会、中国工程院第十五次院士大会、中国科协第十次全国代表大会上的讲话》，《人民日报》2021年5月29日。

第一章
人才强国战略是中国式现代化的重要支撑

将发展先进的生产力作为非常紧迫的任务。邓小平坚持并发展了马克思主义生产力理论，将人才看作最活跃的先进生产力。他依据马克思主义生产力理论，创造性提出了"科学技术是第一生产力"的理论，这一理论包含着对科技人员作为先进生产力构成要素的认可。无论是高度重视发展教育，还是召开全国科学技术大会，提出"向科学进军"等，都是要培养、发现与使用人才，发挥人才作为最活跃的先进生产力的重要作用，迅速解放和发展我国生产力，创造更多先进的生产力，进而提升我国综合国力和人民幸福指数。他还明确提出知识分子是工人阶级的一部分，着力改变知识分子原来不利的社会地位，充分调动知识分子作为先进生产力的积极性和主动性。邓小平在《改革科技体制是为了解放生产力》中说："我很高兴，现在连山沟里的农民都知道科学技术是生产力。他们未必读过我的讲话。他们从亲身的实践中，懂得了科学技术能够使生产发展起来，使生活富裕起来。农民把科技人员看成是帮助自己摆脱贫困的亲兄弟，称他们是'财神爷'。"[①] 他认为当时各级各类人才利用自己的知识，广泛参与社会决策、经济社会发展，这是以往中国社会没有过的。人才作为最活跃的先进生产力，在各方面的工作中取得了显著成绩，真实起到了解放和发展生产力的作用，推动了中国改革开放事业的迅速发展。邓小平认为，社会上的人们正是通过各级各类人才的出色工作，清晰认识到了科学技术和科学技术人员的作用。这说明邓小平对科学技术与科学技术人员同等重视，在他说科学技术是第一生产力的同时，也意味着他高度肯定了科学技术人员是最活跃的先进生产力。

人才是最活跃的先进生产力在当代尤为突出，生产力的发展越来越依靠人才资源和智力支持。世界各国纷纷使出浑身解数抢夺人才，就是要占领人才资源的高地，占据创新、创造的高地，进而占据全球

---

① 《邓小平文选》第3卷，人民出版社1993年版，第107页。

生产力发展的领先地位。一些西方国家试图通过占据人才高地的方式，形成对其他国家的显著领先优势，进而牢牢占据产业链中高端，将生产力高端发展的更多红利掌握在自己手中。有鉴于此，习近平总书记近年来提出实现高水平科技自立自强，加快建设世界重要人才中心和创新高地。这些重大战略决策，都是要充分发挥各级各类人才作为最活跃的先进生产力的作用，团结和支持各方面人才为党和人民事业建功立业。习近平总书记指出："科学技术是人类的伟大创造性活动。一切科技创新活动都是人做出来的。我国要建设世界科技强国，关键是要建设一支规模宏大、结构合理、素质优良的创新人才队伍，激发各类人才创新活力和潜力。"① 他还倡导两院院士和广大科技工作者，要有更多的担当与作为，负起更多的责任，取得更大的成就，勇于当好建设世界科技强国的排头兵。人才创新、创造的活力和潜力，成为关系重大科技创新，关系国家前途命运、人民生活福祉的关键因素。人才职能因素的充分发挥，就是人才作为最活跃的先进生产力展现的过程。

（三）人才在知识经济时代成为关键生产要素的理论

生产要素理论是历史唯物主义的基本内容之一，生产要素是社会物质生产可以正常进行的各种要素的总和。生产力的基本要素包括劳动者、劳动资料和劳动对象，劳动者与劳动资料相结合，并实际作用于劳动对象才能产生现实的生产力。在基本要素中，劳动者是最活跃的因素，是解放和发展生产力的能动因素，对生产力发展水平起到了关键性的影响。在生产力结构中，除了劳动者等基本要素外，还有其他一些重要因素，如科学、技术、管理、资本、信息等，这些要素都会进入生产过程，在现代生产体系中发挥了十分重要的作用。在现代化生产体系中，物的因素是基础性的条件，没有相应的物质条件，人

---

① 习近平：《为建设世界科技强国而奋斗——在全国科技创新大会、两院院士大会、中国科协第九次全国代表大会上的讲话》，《人民日报》2016年6月1日。

再聪明也不能创造出相关的物质产品。而在具备相应物质条件的时候，人的因素在发展生产力中的突出作用就显现出来了。在基本要素中，劳动者是主导性因素，生产工具的制造与改进是劳动者发起与实施的，劳动对象的被发现与被改造，也与劳动者的相关知识、能力素质有紧密的关联。在其他一些重要因素中，处于关键地位的仍然是人的因素，科学、技术、管理、资本、信息等的主导性因素是人才，而且人才在很多重要因素中起到了决定性的作用。因此，在知识经济时代人才已经成为关键生产要素，这一点在发达国家已经形成了共识。他们依靠高素质的人才队伍，掌握了一些创新、创造的前沿领域，并在这些领域取得了优势地位，为他们在全球范围内高效率地发展先进生产力提供了强有力的人才支撑和智力保证。"在今天全球化背景下的信息社会中，发达国家之所以能占据产业价值链的高端位置，是因为他们创造财富的关键'生产要素'是先进的知识和人才，而不是人们过去所说的一般意义的劳力、土地。"[1] 这就意味着人才在当代已经成为关键生产要素，成为现代知识经济的主导者与重要贡献者。

进入新世纪新阶段以来，随着我国经济社会的迅速发展、国内生产总值的加快攀升，生产力发展得到了有效提升。但是，发展中面临的不协调、不平衡等问题日益突出，经济结构不合理逐步显现，粗放式经济发展模式的弊端日益明显，经济社会发展的总体水平不高。在这种国内发展形势下，我们党主动把经济结构调整放在经济全球化深入发展、世界经济科技发展新趋势的国际背景下加以审视，提出了科学发展观，对实现什么样的发展、怎样发展的问题，进行了深入的系统思考与总体谋划。其中涉及的重要问题之一就是产业升级。我国改革开放以来的发展主要靠粗放式增长模式，依靠资源的粗放投入、低廉劳动力的投入，从事传统工业化生产，对资源的依赖程度比较高，

---

[1] 中国人才研究会编，赵永乐主编：《宏观人才学概论》，党建读物出版社2013年版，第29页。

产出效率在国际层面比较低，对环境的污染与破坏比较严重，整体上看是不可持续的产业发展模式。国际分工和合作已经进入深入发展的阶段，要想高水平融入进去，争取国际产业分工中的有利地位，必须实现由粗放式增长向集约式增长的转变，实现这个转变的关键在于人才的培养与使用。胡锦涛在《深入学习领会科学发展观》中指出："必须坚持走中国特色新型工业化道路……由主要依靠增加物质资源消耗向主要依靠科技进步、劳动者素质提高、管理创新转变。"[1] 提出要充分发挥人才资源优势，升级传统产业、培育新兴产业，着力优化产业结构，发展高新技术产业。胡锦涛提出要统筹抓好"六支人才队伍"建设，即党政人才队伍、企业经营管理人才队伍、专业技术人才队伍、高技能人才队伍、农村实用人才队伍、社会工作人才队伍。

新时代，我们党在肯定改革开放数十年取得的历史性成就的同时，也明显看到了我国经济发展面临大而不强、大而不优的问题，对建成社会主义现代化强国、实现中华民族伟大复兴将产生不利影响。传统产业发展过于依靠资源、资本、劳动力等要素投入的方式不可持续，迫切需要实现动力转换、方式转变和结构调整。更多更好的科技创新成为经济发展的新动力，科技创新的前提是必须有一批规模宏大的高素质人才队伍。目前我国仍面临创新型科技人才结构性不足的矛盾，缺乏世界级科技大师，科技领军人才、尖子人才不足。高端科技领军人才不足等人才队伍建设中的矛盾问题，导致科技创新对经济社会发展的支撑与引领作用有待加强，关键领域核心技术受制于人的格局没有得到根本改变，在全球经济科技领域的治理能力有待提升。习近平总书记指出："经济全球化表面上看是商品、资本、信息等在全球广泛流动，但本质上主导这种流动的力量是人才、是科技创新能力。"[2] 因

---

[1] 《胡锦涛文选》第3卷，人民出版社2016年版，第3页。
[2] 习近平：《为建设世界科技强国而奋斗——在全国科技创新大会、两院院士大会、中国科协第九次全国代表大会上的讲话》，《人民日报》2016年6月1日。

此，新时代我国经济社会发展面临的产业升级、调整结构、转换动力等问题，解决的出路在于高度重视大批高素质创新型科技人才的培养与使用，不断提升人才和团队的自主创新能力，瞄准未来科技和产业发展的制高点，把关键核心技术掌握在自己手里，抢占事关长远和全局的科技战略制高点。

（四）优先开发人才资源的理论

人才资源不同于人口资源、人力资源，它是在所有人口中人数较少、具有专业知识或技能、具备较好创新能力、能够对社会作出更多贡献的那部分人。人才资源理论构成了宏观人才学的基础理论，人才资源成为最活跃的先进生产力，对经济社会发展起到十分重要的作用。我国的实际情况是人口数量庞大，人力资源相对丰富，但是具有国际水平的战略科技人才、科技领军人才、创新团队等相对匮乏，人才资源对经济社会发展的贡献率有待提升。人才资源除了具备与人力资源相同的特征外，还具有一些自身独有的特征。"人才资源还具有一般人力资源所不具备的特征，即内在素质的优越性、劳动过程的创新性和劳动成果的创造性、贡献超常性、资源的稀缺性、不可替代性及时代性和群众性等。"[①] 人才资源在劳动过程中的创造性与劳动成果的创造性，成为人才资源非常重要的特征，正是这种特征构成了人才能够发挥不可替代作用的关键。

江泽民十分关注人才问题，并且作了很多深入的思考，创造性地提出"人才资源是第一资源"。他突出强调："要树立全面的人才观，克服人才单位、部门所有的狭隘观念。要广纳贤才、知人善任，既重视有所成就的人才，也关注具有潜能的人才；既重视国内人才，也积极吸引海外人才；既重视国有企事业单位的人才，也要把民营科技企

---

① 中国人才研究会编，赵永乐主编：《宏观人才学概论》，党建读物出版社2013年版，第34—35页。

业的专门人才和受聘于外资企业的专门人才纳入视野。"①这是较为开放而全面的人才观,具有着眼于经济社会发展全局与长远考量的战略眼光,是对人才资源作为第一资源理念的深化与延伸,倡导在全社会高度重视、发现、引进与使用人才。他还认为在人才问题上要算一笔账,即投入与产出的问题,在更宽广的视野中思考效益。人才的培养与使用,都需要进行相应的投入,而且有些情况下前期投入的比重较高,不能及时地见到效益或效益不显著。即便如此,江泽民认为对人才培养的投入,是收益最大的投入。

关于优先开发人才资源,胡锦涛作了很多深入的思考,对推动人才强国事业发挥了重要指导作用。在2010年全国人才工作会议上,他发表了《实现人力资源大国向人才强国转变》的讲话,强调坚定不移走人才强国之路,对如何实现人才强国作了很多富有建设性的思考。为了做好新形势下的人才工作,他提出必须确立人才优先发展战略布局,明确了突出抓好四个方面的工作。他认为:"一是要坚持人才资源优先开发,确立人才资源开发相对于物质资源、环境资源、资金资源以及其他资源开发的优先地位,加大人才培养力度,创新人才培养模式,提高人才培养质量,大幅度提升各类人才整体素质,实现人才资源持续开发。"②这里明确提出了"人才资源优先开发"的理论,是对我们党以往特别重视人才资源的进一步升华。与人才资源优先开发相配套,胡锦涛还提出了坚持人才结构优先调整、人才投资优先保证、人才制度优先创新等重大判断,目的就是充分调动与激发各级各类人才的主观能动性和创造性,把人才资源的活力、潜力充分释放出来,形成推动经济社会繁荣发展的强大动力。

进入新时代,我们党继承人才工作的优良传统与优势做法,继续强调优先开发人才资源,习近平总书记在很多重要讲话中都有所涉及。

---

① 《江泽民文选》第3卷,人民出版社2006年版,第319页。
② 《胡锦涛文选》第3卷,人民出版社2016年版,第390—391页。

第一章
人才强国战略是中国式现代化的重要支撑

他强调："我们要把人才资源开发放在科技创新最优先的位置，改革人才培养、引进、使用等机制，努力造就一批世界水平的科学家、科技领军人才、工程师和高水平创新团队，注重培养一线创新人才和青年科技人才。"[①] 建成社会主义现代化强国，实现中华民族伟大复兴的中国梦，比以往任何时候都更加需要人才，尤其是国际水平的战略科技人才、科技领军人才、青年科技人才和高水平创新团队。习近平总书记在党的十八大之后，多次出席中国科学院、中国工程院院士大会，发表了一系列重要讲话，既肯定了新中国以来人才工作的成就，又看到了我国人才工作面临的短板与不足，对人才培养、引进、使用等机制，作出了很多极具指导意义的战略谋划。党和人民事业的发展，需要大批掌握各种知识和技能的优秀人才，为推进新时代中国特色社会主义建设事业提供人才基础和智力支持。习近平总书记在欧美同学会成立100周年庆祝大会上指出，党的十八大以来特别强调"充分开发利用国内国际人才资源，积极引进和用好海外人才"，尊重留学人员的选择，张开双臂欢迎愿意回国工作的人员，支持留在海外的人员以各种形式为国服务。他说："党和国家将按照支持留学、鼓励回国、来去自由、发挥作用的方针，把做好留学人员工作作为实施科教兴国战略和人才强国战略的重要任务，以更大力度推进'千人计划'、'万人计划'，千方百计创造条件，使留学人员回到祖国有用武之地，留在国外有报国之门。我们热诚欢迎更多留学人员回国工作、为国服务。"[②] 在2021年中央人才工作会议上，习近平总书记还特别强调以建设人才高地、国家实验室、新型研发机构等平台，发起国际大科学计划的方式，着力吸引和集聚人才，聚天下英才而用之。

---

① 习近平：《在中国科学院第十七次院士大会、中国工程院第十二次院士大会上的讲话》，《人民日报》2014年6月10日。
② 习近平：《在欧美同学会成立100周年庆祝大会上的讲话》，《人民日报》2013年10月22日。

第二章

新时代人才建设的伟大成就

党的十八大以来，以习近平同志为核心的党中央全面部署实施人才强国战略，坚持科技是第一生产力、人才是第一资源、创新是第一动力，全面加强党对人才工作的领导，确立人才引领发展的战略地位，始终重视培养人才、团结人才、引领人才、成就人才，团结和支持各方面人才为党和人民事业建功立业，使得我国人才资源储备日益丰富、人才国际交流不断加强、人才发展体制机制逐渐完善，为科技创新水平提升、产业结构升级优化提供了充足的智力支持，有力推进了中华民族现代文明建设与国家治理现代化进程。新时代人才工作取得历史性成就、发生历史性变革，用实践深刻回答了为什么建设人才强国、什么是人才强国、怎样建设人才强国的重大理论和实践问题。

一、党对人才工作的领导全面加强

加强党对人才工作的全面领导，是坚持正确方向、做好人才工作的根本保证。党的十八大以来，党中央作出人才是实现民族振兴、赢得国际竞争主动的战略资源；发展是第一要务、创新是第一动力、人才是第一资源；人才是创新的根基，创新驱动实质上是人才驱动；人才竞争已经成为综合国力竞争的核心；谁能培养和吸引更多优秀人才，谁就能在竞争中占据优势等一系列重大判断，作出全方位培养、引进、使用人才的重大部署，发挥重大人才工程牵引作用，深化人才发展体制机制改革，激发各类人才创新活力，各地区各部门抓人才工作的积极性和主动性前所未有，事业发展和政策创新为人才营造的条件前所未有，人才对我国发展的支撑作用前所未有，党对人才工作的领导全面加强，推动形成了天下英才聚神州、万类霜天竞自由的人才发展环境。

（一）党管人才的领导体制和工作格局不断完善

党的十八大以来，习近平总书记对党管人才进行过多次重要论述，出台了一系列重要制度措施加以落实。2021年5月，党的历史上第一部关于组织工作的统领性、综合性基础主干法规《中国共产党组织工作条例》印发，设专章对党的人才工作作出规定，明确了党管人才的体制机制。党委统一领导，组织部门牵头抓总，有关部门各司其职、密切配合，用人单位发挥主体作用、社会力量广泛参与的党管人才工作格局日益完善。各省区市党委、地市级党委均成立人才工作领导机构。2021年9月27日至28日，习近平总书记在中央人才工作会议上指出："做好人才工作必须坚持正确政治方向，不断加强和改进知识分子工作，鼓励人才深怀爱国之心、砥砺报国之志，主动担负起时代赋予的使命责任。"[①] 党的二十大报告中，习近平总书记以"强化现代化建设人才支撑"为题，对新时代人才强国战略进行更深入的部署，加快了我国人才工作战略转型和人才力量锻造提升的历史进程。

习近平总书记的这些重要讲话和指示精神，以中华民族伟大复兴为远景目标，凸显了"聚天下英才而用之"的路径方向，深入探索了遵循社会主义市场经济规律和人才成长规律的人才工作方法论，强化了坚持"党管人才"原则的战略保障和战略支撑，形成了从人才工作实践创新到人才强国战略理论深化的发展循环，构建起一个思想深刻、逻辑清晰、构架完整、梯次递进、互为支撑的国家人才战略有机体系，充分彰显了党管人才基本原则的极端重要性。经过长期的努力，在党管人才领导体制和工作格局的牵引下，我国已经在建立有利于人才脱颖而出、各尽其能、各展其才的发展环境方面取得重大进展和制度突破，人才事业发展驶上快车道，我国已成为名副其实的世界人才大国，

---

① 习近平：《深入实施新时代人才强国战略 加快建设世界重要人才中心和创新高地》，《求是》2021年第24期。

正蓄势以待、厚积薄发，全力迈向建设世界重要人才中心和创新高地的新征程。从组织架构上，我们已经实现了从中央人才工作协调小组到中央人才工作领导小组的升级，在地方层面，各省区市党委以及地市级、县级党委均成立人才工作领导（协调）机构，也充分保障了党对人才工作的全面领导。

（二）对人才的政治引领、政治吸纳持续加强

党的十八大以来，以习近平同志为核心的党中央切实发挥党管人才的政治优势和资源优势，通过创新体制机制、优化政策体系、提升服务环境等一系列相关配套措施，为人才提供更多发展机遇和空间，对人才的政治引领、政治吸纳持续加强。

2017年，中共中央办公厅印发《关于进一步加强党委联系服务专家工作的意见》（以下简称《意见》），进一步强调要加强对人才的政治引领、政治吸纳。《意见》指出，专家是党和国家的宝贵财富，是党执政兴国的重要依靠力量。重视联系服务专家是党的优良传统，也是做好知识分子工作的宝贵经验。要深入学习贯彻习近平总书记系列重要讲话特别是关于人才工作的重要指示精神，坚持党管人才原则，加强对专家的政治引领和政治吸纳，做到政治上充分信任、思想上主动引导、工作上创造条件、生活上关心照顾，推进党委联系服务专家工作制度化、科学化、常态化，最大限度地把各方面人才凝聚到党和国家事业中来，聚天下英才而用之。在《意见》的指导下，各级党委（党组）分层分类确定联系服务专家对象，在政治上充分信任、思想上主动引导、工作上创造条件、生活上关心照顾，充分实现了"增人数"和"得人心"有机统一。在党的十九大报告中，习近平总书记再次强调："要坚持党管人才原则，聚天下英才而用之，加快建设人才强国。实行更加积极、更加开放、更加有效的人才政策，以识才的慧眼、爱才的诚意、用才的胆识、容才的雅量、聚才的良方，把党内和党外、国内和国外各方面优秀人才集聚到党和人民的伟大奋斗中来。"[1]

为做好人才的政治引领和政治吸纳,中央组织部会同有关部门和单位组织400余名专家深入革命老区、脱贫攻坚一线开展咨询服务活动,组织一万余名高层次专家参加国情研修,组织在京院士专家集中体检6000人次,切实增强人才的认同感和向心力……党中央带头营造尊重劳动、尊重知识、尊重人才、尊重创造的良好氛围,把各方面优秀人才集聚到党和国家事业中来,引导广大人才自觉弘扬科学家精神,坚定不移听党话、跟党走,为国分忧、为国解难、为国尽责。

二、人才队伍建设成果卓著

(一)人才资源储备日益丰富

党的十八大以来,我国人才队伍快速壮大。党和国家明确把人才资源视为国家竞争力的核心,明确提出要建设人才强国,同时在人才开发上投入了大量资源,不仅在人工智能、生物科技、纳米技术等前沿领域培育了大量的拔尖创新人才,而且形成了规模庞大的高技能人才队伍,成为全球规模最宏大、门类最齐全的人才资源大国,一支规模宏大、素质优良、梯次合理、作用突出的人才队伍正在加速集结。

从人才的数量上来看,中共中央组织部最新数据显示,当前我国人才资源总量已经达到2.2亿人,比2010年增长了1亿人,增幅达到83.3%。全国总工会发布的数据显示,截至2021年底,全国技能人才总量超过2亿人,其中高技能人才总量超过6000万人。中国科协创新战略研究院的《中国科技人力资源发展研究报告(2020)》显示,截至2020年底,我国科技人力资源总量为11234.1万人,继续居世界首

---

[1] 《习近平谈治国理政》第3卷,外文出版社2020年版,第50页。

位，截至2019年底，39岁以下科技人力资源占78.39%，人才年龄不断优化。美国国家科学基金会（NSF）等发布的《2018科学与工程指标》表明，中国科学与工程大学本科毕业生数量在全球遥遥领先。目前，我国拥有世界最大规模的科研人员、大学教师、工程师和产业人才队伍群体，已经成为全世界范围内人才资源规模最宏大、门类最齐全、经济活动实际参与率最高的国家。

从人才的质量上来看，数据显示，近年来中国全球人才竞争力指数（GTCI）一直保持提升趋势，2022年排名已经上升至第36名。在高层次人才资源存量上，截至2022年底，全国累计招收培养博士后33万余人。全国享受政府特殊津贴人员累计18.7万人，"百千万人才工程"国家级人选达到6500余人。我国拥有世界上规模最大的高等教育体系和科技人才队伍，其中两院院士共1600余人，中央和部门人才计划、基金项目入选者数万人。全国技能人才总量已超两亿人，其中高技能人才超过6000万人。从人才增量上来看，我国科学、技术、工程和数学（STEM）学科博士生培养数量预计将在2025年达到美国的两倍以上。《2018年美国国防战略报告》和经济合作与发展组织（OECD）的测算表明，我国科技研究人员总量已超过美国和欧盟的总和。在海外人才引进上，通过多项人才项目将在国外获得事业成功的科技创新人才引回中国，这些人才的回归不仅带来了先进的研究方法、国际化的视野，而且扩展了我国与全球顶尖科研机构的合作网络，进一步提升了中国的创新实力。2022年底，全国共有留学人员创业园372家，入园企业超过2.5万家，9万名留学回国人员在园就业创业。与高质量人才的吸收引进相适应，"我国研发经费投入从2012年的1.03万亿元增长到2020年的2.44万亿元，居世界第二。世界知识产权组织等发布的全球创新指数显示，我国排名从2012年的第34位快速上升到2021年的第

12位"[1]。当前，不论在培养优秀人才增量上，还是在人才队伍建设存量上，我国都形成了显著的国家竞争优势，这为建设人才强国奠定了扎实基础。

（二）人才国际交流不断加强

党的十八大以来，我们突出"高精尖缺"导向，以国家重点工程项目为龙头，大力实施更加积极、更加开放、更加有效的人才政策，人才对外开放力度不断加大，"近悦远来"引才用才格局进一步形成，我国逐步从世界最大人才流出国转变为主要人才回流国，正在成为创新人才高度集聚、创新要素高度整合、创新活动高度活跃的全球人才高地。近年来，逆全球化挑战日益凸显，我国海外引才工作遭遇前所未有的阻力与障碍，但人才跨国流动与交流已是大势所趋。尽管美西方政府极力阻碍我国在人才和科技领域的国际交流，我国仍然选择以积极的姿态与其他国家在人才培养、科研合作、文化交流等多个层面展开深入合作。

一方面，中国选派大量学生赴海外深造，留学生在海外学到了差异化的知识和技能，回国后为中国的发展注入新的活力。中国目前仍然是最大的留学生源国，自2020年以来，回国求职的海归数量明显增长，2021年回国创新创业的留学人员首次超过100万人，累计发放外国人来华工作许可证118万张，2022年应届留学生规模同比增长8.6%。另一方面，中国也吸引了众多国外的顶尖人才来华工作、学习和生活。这些人才很多来自发达国家知名高校、科研机构和跨国企业，研究水平居于国际前沿。他们回国（来华）创新创业，在生命科学、物质科学、信息科学、能源技术、材料装备、污染治理、药品安全等重要领域取得一批高水平原创性成果，成为推动我国创新和转型发展的

---

[1] 习近平：《深入实施新时代人才强国战略　加快建设世界重要人才中心和创新高地》，《求是》2021年第24期。

重要生力军。来华留学生带来了多元化的经验和国际化视野，同时也丰富了中国的文化底蕴。据统计，当前我国已成为亚洲最大留学目的国，2022年底，1000多所高等院校拥有来自196个国家和地区的49万名国际学生，同时职业教育领域也与70多个国家和国际组织建立了稳定联系，其中400余所高职院校全日制来华留学生规模达1.7万人。截至2022年底，全国累计招收培养博士后研究人员316451人，其中出国留学回国博士进站56800余人，外籍来华博士进站19782人。除留学生之外，2012年以来，我国在《中华人民共和国出入境管理法》及配套法规中专设了"人才签证"类别，持续完善外国人永久居留证相关政策体系，将外国人入境就业许可和来华工作许可两证整合，构建起外国人来华三类分类管理体系，制定实施人才引进指导目录，为地方重点引才项目提供统一化便利政策，持续提升中国"绿卡"含金量，海外引才配套体系优化提升。与此同时，地方层面也不断推动人才引进工作创新。例如，北京中关村首先开展了外籍人才申请永久居留积分评估制度试点，为外籍人才开通永居"直通车"，简化"绿卡"办理程序，缩短办理时间；上海自贸区先行探索外国专业人才"自由执业"制度改革，吸引优秀外籍大学本科毕业生到本地特定机构就业从业；广州南沙—深圳前海—珠海横琴人才管理改革试验区实行跨境专业资格互认探索，高度契合了港澳及外籍引进人才的现实需求。

（三）人才发展体制机制逐渐完善

体制机制是影响人才集聚和作用发挥的根本性问题，深化体制机制改革是构筑人才制度优势、赢得国际竞争主动的战略之举，是推动人才发展和治理现代化的必由之路。党的十八大以来，党中央以"授权、松绑"为核心，推动我国人才发展体制机制改革全面提速，中国特色人才制度体系的"四梁八柱"基本形成。

2016年2月，党中央印发第一个人才发展体制机制改革综合性文件《关于深化人才发展体制机制改革的意见》，并以此为蓝本，分解细化具体任务，明确牵头责任部门，以激发人才发展动力和创新活力为导向，围绕向用人主体放权，为人才松绑，大力推进人才培养、评价、流动、激励、引进等重点领域和关键环节改革。这一文件的印发影响十分深远，它标志着我国人才发展站到一个新的历史起点，进入全面深化改革、推进制度创新的新时期，在人才评价、激励与培养方面进行了深入改革，着力解开制约人才高质量发展、阻碍人才治理现代化进程的制度性束缚。基于学历和资历的评价机制正在被淘汰，基于能力与贡献的机制正在建立。随后，中央和国家相关部门配套出台政策140余项，各省区市出台改革政策700多项，体制机制改革呈现密集创新突破态势。经由这一改革历程，党管人才工作体系发展得到进一步强化。人才评价、使用、流动和激励机制所涉及的职称制度和职业资格制度改革、机关事业单位人员养老保险制度改革、院士增选和管理制度改革以及人才创新创业激励改革等取得重要突破，市场配置人才资源的决定性作用进一步发挥，用人单位自主权进一步下放，体现知识和创造价值的收入分配机制正在建立，中共中央办公厅、国务院办公厅印发《关于深化项目评审、人才评价、机构评估改革的意见》，不断优化科研项目评审管理、改进科技人才评价方式、完善科研机构评估制度，树立正确的人才评价使用导向。与此同时，科技部等五部门联合开展清理"唯论文、唯职称、唯学历、唯奖项"专项行动，对各类科技评价活动进行全面清理和整改。《关于分类推进人才评价机制改革的指导意见》《关于完善科技成果评价机制的指导意见》《关于深化实验技术人才职称制度改革的指导意见》……一份份改革文件着力破解人才工作体制机制障碍，中国特色人才制度优势进一步彰显。在这些举措的合力托举下，27个职称系列改革指导意见制定出台，事业单位科研人员创新创业得到支持鼓励，科技成果转化激励和知识产权保护政策得到健全强化，引导人才向基层边远贫困地区流动的工作力度显著增强，限制人才顺畅有序流动的体制壁垒正在被打破，一些人才关心的出国、科研经费使用等热点焦点问题得到研究解决。新时代人才发展治理体系更加符合国家战略需要，更加适应人才发展实际需求。

向用人主体授权，为人才松绑。人才发展体制机制改革与教育、科技、人事、社会管理等领域体制改革协同推进，人才链、创新链、产业链相互交织，强大的人才引擎为党和国家事业发展注入澎湃动能。2021年，中央人才工作会议进一步强调要深化人才发展体制机制改革，打造大批一流科技领军人才和创新团队，发挥国家实验室、国家科研机构、高水平研究型大学、科技领军企业的"国家队"作用。之后，中共中央办公厅、国务院办公厅、相关部委以及地方政府部门纷纷跟进，人才跨行业、跨地域流动以及进行跨学科、跨领域创新的障碍正逐步被打破。2023年8月，中共中央办公厅、国务院办公厅印发《关于进一步加强青年科技人才培养和使用的若干措施》，对制约青年科技人才成长的体制机制进行了进一步优化。推动人才管理职能部门简政放权，消除对用人主体的过度干预；分类推进人才评价机制改革，更好发挥人才评价"指挥棒"作用；深化人才激励机制改革，激发人才创新创造活力……一项项制度举措环环相扣，打破体制壁垒，扫除身份障碍，我国人才红利持续释放。相关学者的调查显示，"人才群体对'推进人才分类评价，深化职称制度改革'的满意度达到61.5%，用人单位满意度达到72.6%；相比2011年相关满意度调查结果23.4%，数值得到大幅提升。同时，各类人才群体分别对'知识、技术、管理、技能等要素参与分配'、'对高层次高技能人才实施协议工资、项目工资等多种分配方式'、'清理规范不合理的职业资格许可和认定'、'完善社会保险关系转移接续'、'专业性、行业性人才市场建设'的满意度水平达到57%到64%之间，均处于历史较高水平"[①]。这些都显示，人

[①] 孙锐：《新时代人才事业的历史性成就与变革》，《论坛》2022年第17期。

才发展体制机制改革正在向纵深推进、梯次扩展，一系列束缚人才脱颖而出的体制机制"坚冰"开始消融，人才满意度、获得感不断增强，新一轮制度红利效应正在激发释放。我国人才工作创新已经步入精细化、配套化、系统化的新轨道，向构建具有全球竞争优势的人才制度体系迈出坚实步伐，"解放思想、解放人才、解放科技生产力"迈上历史新台阶。

三、人才效能得到不断释放

党的十八大以来，我国人才对经济社会发展的贡献逐年提升，服务创新驱动发展、决战脱贫攻坚、决胜全面建成小康社会、推动区域协调发展、抗击新冠疫情等国家重大战略和重大工作卓有成效。我国科技实力正在从量的积累迈向质的飞跃、从点的突破迈向系统能力提升。

（一）为国家重大战略配置了人才

党的十八大以来，我国人才队伍建设紧密对接国家重大战略需求，人才政策工程始终服务经济社会实际发展需要，各类人才在服务创新驱动发展、决战脱贫攻坚、决胜全面建成小康社会、推动区域协调发展、抗击新冠疫情等国家重大战略和重大事件中发挥了关键作用，作出了突出贡献。我们以人才一体化发展"先手棋"带动京津冀协同发展"大棋局"，为海南全面深化改革开放提供强有力人才支撑……围绕推进供给侧结构性改革、加快区域协调发展、"一带一路"建设等国家战略部署，促进人才供给与经济社会发展需求相适应；印发《关于鼓励引导人才向艰苦边远地区和基层一线流动的意见》，组织开展教育医疗人才"组团式"援藏援疆援青，创新博士服务团、"西部之光"访问学者选派方式，扎实推进"三区"人才支持计划，以"牵手计划"等推动东西部地区开展人才结对帮扶……引导人才扎根基层贡献才智，让更多人才下得去、待得住、干得好；朝中心聚焦，为大局助力。国家重大战略部署到哪里，人才工作就跟进到哪里、服务到哪里。

（二）为我国科技创新能力提供了智力支持

党的十八大以来，中国的科技创新快速推进。2019年全球人才竞争力报告指出，中国形成了自己的人才优势，主要体现在大学生数学、科研能力优异，高校影响力攀升以及新产品研发能力提升等方面。2020年，世界知识产权组织（WIPO）公布，中国在《专利合作条约》框架下的国际专利申请量为58990件，首次超越美国跃居世界第一；其《世界知识产权指标》报告显示，在2017年我国专利申请总数就超过了美国、欧盟、日本和韩国申请量总和。根据科睿唯安数据分析公司2021年发布的全球高被引科学家名单，中国内地的上榜科学家达到935人，4年内所占比例翻了一番，创有史以来最高纪录。根据世界知识产权组织2022年全球创新指数，中国创新能力综合排名全球第11位，较2012年跃升23位。国家创新能力显著提升的支撑主要来源于国家对人才的高度重视。近年来，国家大力推动学术界与产业界的深度融合，以期打破研发的"孤岛"现象，更好地实现技术成果的转化。众多创新团队在国家的资金支持和政策倾斜下，开始勇攀科技高峰。在航天、核技术、超导、深海探测等领域，我国都取得了令世界瞩目的成就，为我国的科技进步和自主创新写下了辉煌的一笔。在高层次人才引领带动下，我国量子通信及组网、中微子震荡、量子反常霍尔效应、铁基超导长线、诱导多功能性干细胞等一批具有国际影响的高水平成果竞相涌现，载人航天、探月工程、深海探测、超级计算、北斗导航、大飞机制造等一批前沿领域取得了核心技术的突破性进展，高速铁路、5G通信、新能源汽车等重大创新成果正在加速产业应用、领世界潮流之先。当前，我国一些学科领域已出现一批国际领军人物：科学家屠呦呦在2015年首获诺贝尔生理学或医学奖，薛其坤、陈宇翱、姚檀栋、王贻芳、郑永春等分别获得菲列兹·伦敦奖、菲涅尔奖、维加奖、布鲁诺·庞蒂科夫奖、卡尔·萨根奖等一系列国际重要科技奖项，一大批青年拔尖人才也正在国际前沿领域崭露头角。与此同时，一批优秀创业人才创办的具有全球影响力的科技型企业正源源不断涌现，其中华为在全球数字通信领域已经进入"无人区"，率先实现了超越世界一流发达国家科技水平的点上突破；腾讯、百度、阿里巴巴、大疆、科大讯飞等也成长为世界级行业头部企业、领先企业，为突破经济社会发展的关键技术瓶颈作出了突出贡献。

（三）为产业结构升级优化提供了基础性支撑

在经济全球化的大背景下，产业结构的升级优化是每一个国家发展的必经之路。高端人才在这一过程中发挥着至关重要的作用。他们不仅引领技术创新，还在产业战略规划、市场运营、品牌建设等各个环节中提供专业知识和经验。在新能源、生物技术、信息技术等战略性新兴产业中，有着大量的技术难题和市场机会等待解决和把握，这些均需要高水平人才的参与和推动，以确保我国在全球产业链中的优势地位。截至2022年底，国内由大型企业、科研型事业单位、经济开发区、经济园区设立的博士后科研工作站数量达到4408个，相比2021年底新增558个。党的十八大以来，为持续推进产业结构的优化升级，党和国家持续加大人力资本投资，不断提高人才开发投入规模，为国家实现创新驱动发展增强后劲。相关统计表明，《国家中长期人才发展规划纲要（2010—2020年）》颁布以来，中央财政专门安排经费预算1066亿元，用于实施12项国家重大人才工程。其中，省市两级普遍设立了人才发展专项资金和人才工程专项经费，大部分省市区明确提出确保教育、科技支出增长幅度高于财政经常性收入增长幅度。近年来，我国科技投入更是得到显著增加，全社会研发经费从2012年的1.03万亿元增长到2021年的2.79万亿元，居世界第二位；基础研究经费是十年前的3.4倍，达到历史最高水平。根据美国国家科学基金会发布的《2020年科学与工程指标报告》，在2000年至2017年间，中国在科研方面的投入增长占全球总增长的30%以上。

（四）有效推进了国家治理体系和治理能力现代化

2013年11月，党的十八届三中全会通过的《中共中央关于全面深化改革若干重大问题的决定》明确指出："全面深化改革的总目标是完善和发展中国特色社会主义制度，推进国家治理体系和治理能力现代化。"[1] 有学者将这个概念简称为"国家治理现代化"，认为是继"工业、农业、国防和科学技术四个现代化"之后的"第五化"[2]。一般来说，国家治理体系和治理能力是一个国家制度建设和制度执行力的集中体现。就我国而言，国家治理体系主要是指党领导人民治理国家的制度体系，包括根本政治制度、基本政治制度、基本经济制度、中国特色社会主义法律体系，以及经济、政治、文化、社会、生态文明建设和党的建设等各领域的体制机制。这是一整套相互衔接、相互联系的制度体系。国家治理能力则是指运用制度体系管理国家和社会各方面事务的能力，包括治党治国治军、促进改革发展稳定、维护国家安全利益、应对重大突发事件、处理各种复杂国际事务等方面的能力。

国家治理体系和治理能力现代化的推进，同样需要磅礴的人才力量。在这一方面，我国也已取得了突出的成就，其中尤其以公务员队伍建设工作最为典型。公务员是党的干部队伍的重要组成部分，是中国特色社会主义事业的中坚力量，是人民的公仆。努力建设一支忠诚干净担当的高素质专业化公务员队伍，事关整个干部队伍建设成效，事关党的执政能力、执政基础、执政地位。党的十八大以来，以习近平同志为核心的党中央站在党和国家事业发展全局的战略高度统

---

[1] 《十八大以来重要文献选编》（上），中央文献出版社2014年版，第512页。
[2] 参见许耀同：《应提"国家治理现代化"》，中国共产党新闻网，2014年6月30日。

揽伟大斗争、伟大工程、伟大事业、伟大梦想，提出新时代党的建设总要求和新时代党的组织路线，对公务员工作作出一系列重大决策部署，领导推动高素质专业化公务员队伍建设取得历史性成就，为推进党和国家事业发展提供有力组织保障，为新时代应变局、育新机、开新局、谋复兴汇聚了磅礴力量。我国公务员队伍结构得到了显著改善，为国家治理体系和治理能力现代化的推进提供了充足的人才保障。截至2021年底，全国公务员35岁及以下的占比30.1%，具有大学本科以上学历的占比78.8%，分别比2017年提高2.2个百分点、6.9个百分点。2019年6月1日，修订后的《中华人民共和国公务员法》正式施行，标志着中国特色公务员制度进入科学化、法治化、规范化发展新阶段。2019年，中共中央办公厅印发《关于贯彻实施公务员法建设高素质专业化公务员队伍的意见》，对公务员法贯彻实施工作提出明确要求。各地区各部门加大公务员法的学习宣传和培训力度，严格按照法定的权限、条件、标准和程序管理公务员，促使领导干部带头践行公务员法、组织人事干部严格执行公务员法、广大公务员自觉遵守公务员法，依法管理理念更加深入人心。进入新时代，干部"干什么""怎么干"有了新的更高要求，干部考核"考什么""怎么考"需要从制度层面作出调整。中共中央办公厅印发《党政领导干部考核工作条例》，中央组织部修订印发《公务员考核规定》，更好发挥考核的指挥棒、风向标、助推器作用。从2017年到2021年，全国共有3.5万名基层公务员通过公开遴选进入上级机关工作。2023年8月31日，中共中央政治局审议通过《干部教育培训工作条例》《全国干部教育培训规划（2023—2027年）》，将干部教育培训定位为建设高素质干部队伍的先导性、基础性、战略性工程。在以习近平同志为核心的党中央坚强领导下，广大公务员坚定捍卫"两个确立"，坚决做到"两个维护"，牢记全心全意为人民服务的根本宗旨，自觉以国家富强、民族复兴、人民幸福为己任，踔厉奋发、勇毅前行，奏响做人民公仆、为人民服务、让人民满意的时代强音。

　　总的来看,新时代人才建设取得的伟大成就说明,我国已经拥有一支规模宏大、素质优良、结构不断优化、作用日益突出的人才队伍,我国人才工作站在一个新的历史起点上。中华大地正在成为各类人才大有可为、大有作为的热土,为实现中华民族伟大复兴的中国梦提供坚实人才支撑。党的十八大以来,我国人才发展水平实现了前所未有的大幅提升,产生了广泛的世界影响。联合国教科文组织曾专门召开会议研讨中国人才工作,并将"rencai"列为专门词汇;2020年,英国借鉴中国经验,在首相府成立跨部门的"人才办公室"。当然,在看到成绩的同时,我们也要看到:"我国人才工作同新形势新任务相比还有很多不适应的地方。人才队伍结构性矛盾突出,人才政策精准化程度不高,人才发展体制机制改革还存在'最后一公里'不畅通的问题,人才评价唯论文、唯职称、唯学历、唯奖项'四唯'等问题仍然比较突出,等等。这些问题,不少是长期存在的难点,需要继续下大气力加以解决。"[1] 因此,做好人才工作仍然是未来我们的重大课题,需要各级党委的统一领导,职能部门各司其职、密切配合,社会力量广泛参与。十年树木,百年树人。"做好新时代人才工作,必须坚持党管人才,坚持面向世界科技前沿、面向经济主战场、面向国家重大需求、面向人民生命健康,深入实施新时代人才强国战略,全方位培养、引进、用好人才,加快建设世界重要人才中心和创新高地,为2035年基本实现社会主义现代化提供人才支撑,为2050年全面建成社会主义现代化强国打好人才基础。"[2]

---

[1] 习近平:《深入实施新时代人才强国战略　加快建设世界重要人才中心和创新高地》,《求是》2021年第24期。

[2] 习近平:《深入实施新时代人才强国战略　加快建设世界重要人才中心和创新高地》,《求是》2021年第24期。

第三章

坚持党对人才工作的全面领导

党的二十大报告深刻指出："建设堪当民族复兴重任的高素质干部队伍。全面建设社会主义现代化国家，必须有一支政治过硬、适应新时代要求、具备领导现代化建设能力的干部队伍。"[①] 这里所提出的"政治过硬"，就是要求我们必须持之以恒地坚持党管干部、党管人才的基本原则。实践证明，这一基本原则，是我们党百余年奋斗历程反复验证了的宝贵经验，是中国特色社会主义理论、制度体系的重要组成部分，攸关中华民族伟大复兴的光明前景。

一、坚持党管干部、党管人才是我们党的宝贵经验

众所周知，中国共产党是一个具有极强领导力的政党。建党百余年来，中国共产党从小到大、由弱到强，从一叶扁舟，发展到如今的巍巍巨轮。1921年建党时，全国只有50多名党员。而现在，中共中央组织部最新党内统计数据显示，截至2023年底，中国共产党党员总数为9918.5万名，现有基层组织517.6万个，其中大专及以上学历党员占党员总数的56.2%。在中国共产党的领导下，党的面貌、国家的面貌、人民的面貌、军队的面貌、中华民族的面貌发生了前所未有的变化。中国人民也迎来了从站起来、富起来到强起来的转变。中国共产党之所以能够领导人民实现这样的千秋伟业，与无数奋斗在各条战线上的干部、人才的贡献是分不开的。而中国共产党之所以能够有效地领导这些人才，与党管干部、党管人才的基本原则又是密不可分的。

---

① 习近平：《高举中国特色社会主义伟大旗帜　为全面建设社会主义现代化国家而团结奋斗——在中国共产党第二十次全国代表大会上的报告》，人民出版社2022年版，第66页。

（一）党管干部、党管人才的基本原则，是党的干部工作中一项具有统领作用的根本原则

坚持党对一切工作的领导，是中国特色社会主义最本质的特征，这是党在长期的革命、建设和改革历程中凝练出来的重要论断。1962年，在扩大的中央工作会议上，毛泽东就旗帜鲜明地指出："工、农、商、学、兵、政、党这七个方面，党是领导一切的。党要领导工业、农业、商业、文化教育、军队和政府。"[①] 习近平总书记也多次强调，党政军民学，东西南北中，党是领导一切的。2021年，习近平总书记在庆祝中国共产党成立100周年大会上总结了中国共产党百年奋斗史，郑重指出"以史为鉴、开创未来"的第一条便是"必须坚持中国共产党坚强领导"[②]。办好中国的事情，关键在党。中华民族近代以来180多年的历史、中国共产党成立以来100多年的历史、中华人民共和国成立以来70多年的历史都充分证明，没有中国共产党，就没有新中国，就没有中华民族伟大复兴。党领导一切，干部工作、人才工作自然也就包括其中。事实上，党的干部工作千头万绪，能否坚持党管干部、党管人才是最重要的政治纪律与政治规矩，它关系到我们能否在干部工作中贯彻落实党的领导，能否为党和人民的事业选人用人，能否按照党和人民的最根本利益选拔人才，能否使得各部门、各层级的领导权始终掌握在忠于党的利益、忠于人民利益、忠诚担当使命的人手中。

坚持党管干部、党管人才，是坚持党对一切工作的领导之中最核心、最关键的部分，这与干部工作、人才工作的特殊性是分不开的。为政之要，要在得人。对于任何政党、任何组织来说，用人权都是最为核心、最为关键、影响最为深远的执政权。再伟大的事业，都是要

[①] 《毛泽东文集》第8卷，人民出版社1999年版，第305页。
[②] 习近平：《在庆祝中国共产党成立100周年大会上的讲话》，《人民日报》2021年7月2日。

人来推进与执行的。关于这一点，马克思、恩格斯、列宁等革命导师有着很多论述。马克思主义基本原理认为，共产党作为无产阶级根本利益的代表者、工人政党中最先进最坚决的部分，在成为执政党之后，必须通过国家政权机关和群众社会组织来实现对于国家和社会的领导，而这就需要大量的忠于党的使命、忠于党的事业的德才兼备的人才队伍与干部队伍。马克思、恩格斯曾经多次强调"绝对放弃政治是不可能的"[①]。列宁认为，组织问题同政治问题是分不开的，"任何政治如果没有人员的任命和调动，就无法执行。因此，任何组织问题都有政治意义"[②]；他还说过，要研究人，要寻找能干的干部。关于政策的制定与执行问题，列宁提出"如果中央没有分配人员的权利，它就不能确定方针政策"[③]。列宁充分认识到选人用人工作的敏感性与复杂性，他认为，为了完成党的使命、完成无产阶级解放的历史任务，在这一问题上多花费一些心血是完全值得的。他指出："培养一批有经验、有极高威信的党的领袖，这是一件长期的艰苦的事情。但不这样做，无产阶级专政、无产阶级的'意志统一'，就会成为一句空话。"[④]马克思主义经典作家的这些重要论述，都充分表明了人才工作、干部工作对于党的事业的极端重要性，表明了共产党管干部、管人才对于无产阶级解放与人类解放的极端重要性。

对于中国共产党这样的大党来说，坚持党管干部、党管人才基本原则就显得更为关键。作为有着14亿多人口的大国的执政党，我们党面临着许多"大党独有的难题"，更加迫切地需要将"讲政治"摆在前面，更加迫切地需要一支政治过硬的成熟干部队伍。习近平总书记多次表达对于人才的渴望与期盼。2013年6月28日，习近平总书记在全

[①] 《马克思恩格斯全集》第17卷，人民出版社1963年版，第449页。
[②] 《列宁选集》第4卷，人民出版社1972年版，第156页。
[③] 《列宁全集》第33卷，人民出版社1957年版，第280页。
[④] 《列宁全集》第32卷，人民出版社1958年版，第505页。

国组织工作会议上强调,"要树立强烈的人才意识,寻觅人才求贤若渴,发现人才如获至宝,举荐人才不拘一格,使用人才各尽其能"①。2016年4月19日,习近平总书记主持召开网络安全和信息化工作座谈会并发表重要讲话,指出:"人才是第一资源。古往今来,人才都是富国之本、兴邦大计。我说过,要把我们的事业发展好,就要聚天下英才而用之。要干一番大事业,就要有这种眼界、这种魄力、这种气度。"②

与此同时,作为一个无产阶级政党,作为"中国人民的主心骨",在人才工作上又不能不慎之又慎,不得不把政治领导作为领导国家和社会的首要之义。新民主主义革命时期,我们党面临着在敌强我弱的形势下如何夺取政权的"大党独有难题"。面对这一难题,我们在积极开展统一战线建设的同时,非常重视保持无产阶级的先进性;在军队内部提出了"党指挥枪",形成了一套军队政治工作的方针方法;并且非常重视党员"不仅在组织上入党,而且在思想上入党"的问题,体现出对党管干部、党管人才的高度重视。在改革开放和社会主义现代化建设新时期,党面临的"大党独有难题"主要体现为如何解放和发展生产力,实现共同富裕,为复兴伟业提供扎实的物质基础。面对这一难题,我们不仅把"党管干部"扩充为"党管人才",而且对干部、人才的要求从简单的阶级觉悟,"党叫干啥就干啥",转变为更加要求干部与人才的复合型发展,要求人才队伍既要有过硬的政治本领,又要具备较强的科学判断形势、驾驭市场经济、应对复杂局面等专业知识技能,以更好地胜任不同岗位、不同分工的需求。这一调整也同时提高了党的执政效能与执政水平,提高了党领导国家社会的凝聚力和向心力。新时代,党和国家的事业取得了重大的成就,中华民族伟大复兴进入了不可逆转的历史时期,但我们仍然面临着"大党独有难题",因此,我们就更要继续坚持党管人才基本原则,坚持面向世界

---

① 《习近平著作选读》第1卷,人民出版社2023年版,第138页。
② 习近平:《在网络安全和信息化工作座谈会上的讲话》,《人民日报》2016年4月26日。

科技前沿、面向经济主战场、面向国家重大需求、面向人民生命健康，深入实施新时代人才强国战略，全方位培养、引进、用好人才，加快建设世界重要人才中心和创新高地，为2035年基本实现社会主义现代化提供人才支撑，为2050年全面建成社会主义现代化强国打好人才基础。从这里我们就可以看出，无论是革命战争年代对阶级觉悟的要求，还是和平时期对于贯彻党的路线方针政策的要求，都体现了党管干部、党管人才的关键性与特殊性。

（二）党管干部、党管人才的基本原则，是我们党在长期革命、建设和改革实践中取得的重要经验

党管干部、党管人才的基本原则，并不是某个人或某个党派的主观臆断，而是有其历史必然性。历史告诉我们，党管干部、党管人才的基本原则，不是凭空产生的，不是哪个人头脑中固有的，而是我们党以鲜血为代价换来的、历经艰辛探索得来的，是中国共产党干部工作与人才工作的伟大创造。

我们党自从成立之日起，就非常重视对干部的管理与选拔任用。中国共产党第一次全国代表大会即提出："因为党员少，组织农民和军队的问题成了悬案，决定集中我们的全部精力组织工厂工人。为了把好的可靠的同志吸收进来，决定接受党员要特别谨慎，严格审查。鉴于我们的党至今几乎完全由知识分子组成，所以代表大会决定要特别注意组织工人，以共产主义精神教育他们。"[①] 1924年，我们党掌握了第一支革命武装——"铁甲车队"。铁甲车队虽挂靠在大元帅府卫队的名义之下，但实际上直接隶属于中国广东区委的领导。铁甲车队所属人员的配备与调动，也完全是由当时的中共广东区委来决定。在当时，铁甲车队的日常事务及重大行动，都要向周恩来和陈延年请示解

---

① 《建党以来重要文献选编（1921~1949）》第1册，中央文献出版社2011年版，第24页。

决。因此，铁甲车队的建立与运转制度，可以说是中国共产党党管干部重要原则的源头。历史上，铁甲车队仅仅存在了一年多，但是仍然打出了中国共产党第一支武装力量的威风，先后执行了改造飞机掩护队、平叛滇桂军阀、支援省港大罢工、协助友军两次东征等战斗任务。铁甲车队的短暂历史与辉煌成就，充分展现出党管干部原则之下，"极坚强极有组织的革命军"的威力与革命潜力。后来，1925年11月，中共广东区委决定由周恩来具体负责将铁甲车队扩编为一个独立团，诞生了历史上赫赫有名的"叶挺独立团"。独立团延续了铁甲车队党管干部的组织原则，将士在作战中舍生忘死，所向披靡，令敌人纷纷逃窜、闻风丧胆，赢得了"铁军"的美誉。

1927年，蒋介石集团和汪精卫集团发动了"四一二""七一五"反革命政变，没有掌握武装的共产党遭到惨重失败。据1927年11月的统计，当时党员由党的五大时的5.7万名减至1万多名。血的教训使我们党清醒地认识到，中国革命要想取得胜利，无产阶级必须建立自己的军队、独立领导武装斗争。在这样的情势下，党中央决定在南昌举行武装起义，并成立了以周恩来为书记的党的前敌委员会，同时在军、师级单位建立党委，在团建立党支部，在军、师、团级单位设立党代表。自南昌起义之后，以毛泽东同志为主要代表的中国共产党人深刻反思了右倾机会主义错误，在革命领导权和武装斗争这两个重大问题上有了全新的认识。陈毅在回忆中深情说道："八一起义是第一次国内革命战争和第二次国内革命战争之间的分界线，中国革命的一个里程碑。中国革命由中国工人阶级独立领导，并以革命的武装斗争为主要的革命方式始于南昌。"[1] 可以说，南昌起义既是我们党开始领导军队的标志，也是我们党重新认识到"党要管党、党管干部"关键作用的奠基性事件。

---

[1] 陈毅：《关于"八一"南昌起义》，《近代史研究》1981年第2期。

新中国成立之前，党的最主要任务是在敌强我弱的情况下夺取政权，由于人才缺乏，国民文化素质普遍偏低，党管干部基本原则的主要目标指向是要求干部们，尤其是基层干部要具备较高的阶级觉悟，敢于去打破一个旧世界，建立一个新世界。从具体内涵上来讲，就是要按照党的纲领、路线、方针、政策，努力去吸引当时有限的各个领域的人才资源，把他们吸收、教育、培养、选拔为党的各级各类干部，并通过有效的管理、监督与实践磨炼，使他们成为领导革命和建设的骨干力量。1929年召开的古田会议明确宣布，红军是一个执行革命的政治任务的武装集团，军事只是达到政治任务的工具之一，党不仅要管党员、管政治工作，而且要管军事、管打仗；重申除了在营、团以上建立党的组织外，"每连建设一个支部，每班建设一个小组，这是红军中党的组织的重要原则之一"[1]。古田会议，从思想上确立党的观念、组织上确立党的领导制度两个方面，奠定了党领导军队、党管干部的基础。

1938年，毛泽东在党的六届六中全会上提出了党管干部的重要思想，首次提出"才德兼备"[2]的领导干部标准，统一了全党的认识。"才德兼备"，"才"是专业技能，"德"则主要体现为革命觉悟，即能否为党的事业奉献自己的全部力量，将党管干部基本原则推向了一个新的高度。1941年，中央军委出台文件，明确今后提拔干部必须德（对革命忠实）、才（工作能力）、资（资望与斗争历史）兼顾，初步统一了军事人才标准，也明确地将党管干部的政治性原则挺在了前面，在正式文件之中再次将"德"放在"才"的前面，并且明确党所需要的"德"主要就是要"对革命忠实"。除在理念层面更加强调党管干部、党管人才的基本原则之外，这一时期的中国共产党还十分注重在制度机制方面不断完善党管干部的制度设计。1947年7月，我军颁布《中国

---

[1] 《建党以来重要文献选编（1921～1949）》第6册，中央文献出版社2011年版，第736页。
[2] 《毛泽东选集》第2卷，人民出版社1991年版，第526页。

人民解放军党委员会条例草案（初稿）》，就明确指出"一切重大问题都要经过党委会集体讨论决定"，将"党管干部"的原则、理念落实到了制度的层面。

　　新中国成立后，我们党通过建立健全国家领导体制与管理体系，通过一系列的会议、法律法规、规章制度，强化了党管干部的基本原则。1951年3月28日，刘少奇在第一次全国组织工作会议上，具体阐述了党管干部问题。在此次会议上，他根据当时的实际情况以及党章的相关规定，提出"共产党员标准的八项条件"："（一）必须了解'中国共产党是中国工人阶级的党，是工人阶级的先进部分'；（二）'中国共产党的最终目的，是要在中国实现共产主义制度。它现在为巩固新民主主义制度而斗争，在将来要为转变到社会主义制度而斗争，最后要为实现共产主义制度而斗争。'党员必须具有为这些目的坚持奋斗的决心；（三）'必须是一辈子坚持革命斗争'；（四）'必须在党的统一领导之下去进行'斗争和工作；（五）'必须把人民群众的公共的利益，即党的利益，摆在自己的私人利益之上'；（六）'必须勇敢坚决，不能在严重的艰苦的环境中退缩，不能向敌人投降，不能叛变共产党与共产主义'；（七）'必须为人民群众服务，使党与人民群众建立很好的关系'；（八）'必须努力地学习，使自己懂得更多的马克思列宁主义，毛泽东思想，使自己的觉悟更加提高。'"[①]在同年4月9日的会议上，刘少奇作了《为更高的共产党员的条件而斗争》的总结，总结指出："现在应该更加提高党员的条件，必须是成分好，历史清楚，对党忠诚，有实际的阶级觉悟并表现积极，又懂得共产主义与共产党的事业，愿意遵守党纲党章的人，才能被接收为党员。对于不够条件的党员，应在整党中分别情况进行处理。"[②]党的第一次全国组织工作会议通过了《关于整顿党的基层组织的决议》，明确指出：为了领导与团结全

---

① 《刘少奇年谱（一八九八——一九六九年）》下卷，中央文献出版社1996年版，第274—275页。
② 《刘少奇年谱（一八九八——一九六九年）》下卷，中央文献出版社1996年版，第275页。

国人民完成新的历史任务，必须在对全体党员进行共产党员标准八项条件教育的基础上，对党的基层组织进行一次普遍的整顿，克服党在某种程度上的组织不纯与思想不纯现象。

新中国成立后最早出现"党管干部"字样的党内文件是1953年4月20日，中央组织部发出的《关于政府干部任免手续的通知》。上述通知提出，今后凡属中央人民政府或政务院任免范围的干部，在中央人民政府或政务院任免之先，仍需分别按党内管理干部的规定经过审批，即（1）属于中央管理范围的干部，由省（市）委报中央局核转中央；（2）属于中央局管理范围的干部，由省（市）委报中央局，俟中央或中央局批准后，再交由同级人民政府人事部门办理提请任免手续。可见，党管干部最早可理解为党内管理的干部。从管理的范围看主要是党内，从管理的内容看主要指干部提名、考核、任免等管理权限。1953年11月，《中共中央关于加强干部管理工作的决定》对党管干部原则作出了明确规定。1989年8月，《中共中央关于加强党的建设的通知》强调要坚持党管干部原则，明确了党管干部原则的基本内涵：一是党要加强对干部工作的领导，制定干部工作的路线、方针、政策；二是推荐和管理好重要干部；三是指导干部人事制度的改革；四是做好对干部人事工作的宏观管理和监督。[①] 此后，在党的历次全国代表大会报告中和中央关于党的建设的重要文件中，都反复强调必须坚持党管干部原则。党的十八大以来，中央进一步强调，要充分发挥党组织在干部工作中的领导和把关作用，强化党委（党组）、分管领导和组织部门在干部选拔任用和考察识别干部中的责任。这些新要求进一步丰富和发展了党管干部原则的内涵。

---

① 参见《十三大以来重要文献选编》（中），人民出版社1991年版，第591页。

（三）党管干部、党管人才原则，是党和国家的重要政治优势，也是社会主义制度优越性的重要体现

当前，世界百年未有之大变局加速演进，世界之变、时代之变、历史之变的特征更加明显。作为世界上最大的发展中国家，我国在奋力推进中国式现代化的征程中取得了很大的成就，但同时也面临着深刻复杂的挑战，我国发展环境的严峻性与不确定性都在上升。面对世界之变、时代之变、历史之变，我们唯有始终坚持党管干部、党管人才的基本原则，才能最大程度发挥出党员干部的优势、人才济济的优势，才能更加从容、更有底气地解答世界之问、时代之问、历史之问，为中华民族伟大复兴的顺利实现提供更完善的制度支撑、更坚实的物质基础、更主动的精神力量。作为一套成熟管用的制度体系，党管干部、党管人才在中国共产党的百余年奋斗中发挥了重要作用，使党牢牢把握住对各项事业的领导权，建立起一个分工明确、选贤任能的顺畅运行体制机制，体现出社会主义制度的强大优越性。

革命战争年代，正是由于我们党坚持党管干部的基本原则，才能展现出强大的组织力与凝聚力，从而在所谓的"沙聚之邦"中打造出一个坚强的领导核心，迅速打破了近代以来中国所面临的主权危机、民族危机、组织危机和文化危机，在神州大地上重新建立起新的政治权威与秩序。正如有学者指出的："在革命战争年代，我们党无时无刻不在应对严峻的危机挑战。也正因如此，我们党在领导革命和战争的过程中，非常注重在斗争中考验和识别干部，特别通过各级党组织和军队干部对中央各项决策的落实，锤炼和识别干部。通过干部的担当作为，把中央正确的决策见诸实际行动中，并且用斗争的实际结果检验决策的正确与否。因此，我们党在每次斗争的关键时刻，如在遭遇革命低潮及重大斗争时，都会首先对干部提出明确要求。通过撤换领导、组织整顿、批评与自我批评、学习教育等方式，对干部进行筛选

培养，使党的组织和党员干部更能适应斗争的需要，领导人民及军队顺利化解危险，应对危机，赢得斗争的胜利。"[1]

在社会主义革命和建设时期，我们党的执政环境及面临的主要任务、主要挑战都发生了重大转变，这就使得干部的职责使命、承担任务也都发生了重大转变，从带领全国人民进行革命，建立一个人民当家作主的国家，转变为开展经济社会建设。与此同时，干部的范围也发生了改变，除了党自身的领导骨干之外，还包括了所有以脑力劳动为主的国家机关工作人员等。尽管外部环境、内部环境、使命任务都有所改变，但是党中央始终坚持党管干部的基本原则，并对这一原则的具体实施方法进行了调整，使党的各项干部制度的建设适应于经济社会的发展要求，在维护权威的同时积极推进改革。

党管干部的基本原则，使党能够牢牢把握对党自身、国家和社会的领导权，始终保证自身的先进性与人民性，从而在遇到重大风险挑战、权力金钱诱惑时岿然不动，"稳坐钓鱼台"。1940年，著名爱国华侨领袖陈嘉庚回国考察了抗战形势。他首先到重庆进行考察，考察结束之后，陈嘉庚得出了一个结论：中国抗战没希望了，原因在于国民政府的腐败。抱着一线希望，他又来到了延安。到达延安之后不到八天半的时间，他就又得出了三个结论：中国的抗战必胜；中国共产党一定能够实现在全国执政；假如更多的人能够像中国共产党人那样克勤克俭，兴利除弊，一心为人民的利益而奋斗，中华民族一定会成为世界第一强国。因此，他把拯救民族的希望放在了中国共产党人身上。陈嘉庚之所以在延安看到了中国胜利的希望，就在于中国共产党党管干部的基本原则，凝聚起了一大批胸怀理想、心忧天下、全心为民、克勤克俭的优秀干部与人才，形成了一支千锤百炼、无坚不摧的强大革命力量。

---

[1] 田改伟：《在重大斗争中锻炼和识别干部：百年历程的重要经验》，《国家治理》2021年第2期。

值得一提的是，尽管见识到了党管干部基本原则的巨大威力与先进性，陈嘉庚在离开延安时却并未完全放心，而是给当时的中国共产党人留下了一段警示之语："然陕北地贫，交通不便，商业不盛，地方非广，故治理较易，风化诚朴。设中共若握着东南富庶市场，区域广大，不知能如此廉洁，兴利除弊，为人民造福如延安之精神乎？"[1]从陈嘉庚的话中可以看出，他所担心的是中国共产党将来全面执政后，党管干部的原则还能不能坚持下去？党还能否保证广大党员干部和人才的人民性与先进性？这无疑是值得我们深思的重大课题，也是留给我们当代中国共产党人的重大课题。如今80多年过去了，历史证明，陈嘉庚的担心没有成为现实。坚持党的先进性与纯洁性，坚持人民利益至上，仍然是一代又一代中国共产党人坚守不变的价值理念。中国共产党之所以在成为了执政党、握有了东南富庶市场之后，仍然能够一心为人民造福，全心全意为人民服务，始终坚持权为民所用、情为民所系、利为民所谋，党管干部、党管人才的基本原则可以说是厥功至伟。

习近平总书记指出："做好新时代人才工作，必须坚持党管人才，坚持面向世界科技前沿、面向经济主战场、面向国家重大需求、面向人民生命健康，深入实施新时代人才强国战略，全方位培养、引进、用好人才，加快建设世界重要人才中心和创新高地，为2035年基本实现社会主义现代化提供人才支撑，为2050年全面建成社会主义现代化强国打好人才基础。"[2]历史证明，坚持党管干部、党管人才原则，是我党我军在革命、建设、改革各个历史时期不断取得胜利的根本保证，也是我党我军始终保持集中统一和高度稳定，始终保持人民军队性质、宗旨和作风的关键所在。

---

[1] 陈嘉庚：《南侨回忆录》，岳麓书社1998年版，第188页。
[2] 习近平：《深入实施新时代人才强国战略　加快建设世界重要人才中心和创新高地》，《求是》2021年第24期。

二、科学把握党管人才的要义

2002年12月,在全国组织工作会议上,党根据形势的需要创造性地将"党管干部"扩充为"党管人才"基本原则。一年后的2003年5月,在中共中央政治局会议上,"党管人才"的战略部署得以再次确认。对于党管人才的概念,我们可以从主客体、具体内容和实践路径几个层面进行探究。概括来说,就是作为主体的中国共产党"去管谁""管什么""怎么管"三个层面的问题。

(一)坚持党管人才基本原则,解决好"去管谁"的问题

在"党管人才"概念之中,"人才"是当然的客体。然而,如何去理解人才、划定人才的范围,则有着不同的观点。在新中国成立之前和新中国成立初期,党采取党管干部的基本原则,党的人才政策蕴含于干部政策之中。20世纪80年代后,改革开放的迅速推进,使得党和全社会对人才的理解超出了干部的范畴。在相当长的时间内,我们国家将"具有中专及以上学历或初级以上专业技术职称"作为人才的标准。随着科学的发展和社会的进步,党的人才观逐渐向大人才观演进,人才的范围逐渐变得宽泛。例如,钱学森在《人才系统工程》中就对人才有着精彩的定义,他指出,人才可以划分为广义的人才与狭义的人才。其中,狭义的人才指的是人群之中德才兼备、对社会与人类作出巨大贡献和推动作用的人,如伟大的政治家、军事家、企业家等;而广义的人才范围则比较宽泛,指的是具备一定的专业技能的人。[1] 从上述定义可以看出,狭义的人才标准较高,不容易产生,在人群之中的比例很少;而广义的人才范围较大,人人经过努力之后都有可能成

---

[1] 参见王乐夫主编:《领导学通论》,当代世界出版社2001年版,第186页。

为广义上的人才。

新时代党管人才基本原则之中的人才，所采取的就是广义上的人才定义。这是因为，我们国家是一个社会主义国家，进行社会主义建设，走中国式现代化道路，需要的不仅仅是少数英雄人物的力量，必须倚靠各行各业、各个领域、各个层级的，具备一定知识和技能的人员来共同助力实现。这一思想早在1938年就由毛泽东很清楚地表达了出来。在《在中国共产党在民族战争中的地位》一文中，毛泽东就鲜明指出，党"须广大地培养人材"，党的领导机关的责任"就在于组织他们，培养他们，爱护他们，并善于使用他们"[1]。胡锦涛在全国人才工作会议上指出："只要具有一定的知识或技能，能够进行创造性劳动，为推进社会主义物质文明、政治文明、精神文明建设，在建设中国特色社会主义伟大事业中作出积极贡献，都是党和国家需要的人才。"[2] 习近平总书记也十分重视广大地、多样地引进人才、培养人才，他多次强调党的人才工作应当做到"聚天下英才而用之"。2014年，习近平总书记在同外国专家座谈时说："中华民族历来具有尚贤爱才的优良传统。现在，我们比历史上任何时期都更需要广开进贤之路、广纳天下英才。要实行更加开放的人才政策，不唯地域引进人才，不求所有开发人才，不拘一格用好人才。"[3] 他还多次指出："要更加重视青年人才培养，努力造就一批具有世界影响力的顶尖科技人才，稳定支持一批创新团队，培养更多高素质技术技能人才、能工巧匠、大国工匠。""要构筑集聚全球优秀人才的科研创新高地，完善高端人才、专业人才来华工作、科研、交流的政策。"[4] 从这些重要论述可以看出，

---

[1] 《毛泽东选集》第2卷，人民出版社1991年版，第526页。
[2] 《胡锦涛在全国人才工作会议上的讲话》，《光明日报》2003年12月21日。
[3] 《习近平在同外国专家座谈时强调：中国要永远做一个学习大国》，《光明日报》2014年5月24日。
[4] 《习近平谈治国理政》第4卷，外文出版社2022年版，第202页。

习近平总书记重视人才的多样性与开放性，主张人人各尽所能、各展其长、不拘一格，只有这样才能够使不同领域的先进工作者们共同在报效祖国中实现自己的人生梦想。总的来说，党管人才基本原则中的"人才"不仅包括了传统的党管干部原则中所涉及的党政干部，而且还包括了国有企事业单位的经营管理人员、具备专业技术技能的人员，以及非公有制企业中的管理和技术人员等，范围非常广。党管人才，就是要把各级各类人才都纳入党的视野，通过对这些人才的关心、爱护、培育、管理、引导、选用，使他们共同为党和国家事业奉献力量。

在何为人才的界定方面，中国共产党坚持"任人唯贤"，坚持人才必须符合"德才兼备、以德为先"的金标准。古语中有"德若水之源，才若水之波；德如木之根，才如木之枝"的说法，还有"德惟治，否德乱"的讲法，都说明了"德"在人才评价中的重要性。对于共产党人来说，"德"的内涵发生了一定的变化，不再是封建社会的传统道德，但仍然在人才评价中占据着首要和核心的地位。当今时代人才的"德"，不仅仅是个人的私德，也不仅仅影响到个人的发展，而是成为关系到组织、单位前途命运的重要问题。

作为人才，应当具备过硬的政治立场，对党的事业、人民的事业有着绝对的忠诚，能够树立群众观点、具备群众意识，以人民为中心，自觉关注并积极践行党的路线、方针、政策，拥护中国特色社会主义理论、制度和道路。新时代的人才还应当具备较强的担当精神和责任意识，遇到重大矛盾、重大挑战时要能够奋不顾身地冲在前、挡在前。毛泽东就曾指出："中国共产党是在一个几万万人的大民族中领导伟大革命斗争的党，没有多数才德兼备的领导干部，是不能完成其历史任务的。"[1] 这就强调了德才兼备的干部对于革命事业的决定性意义。1940年，陈云在《关于干部工作的若干问题》中也指出："德才并重，以德

---

[1] 《毛泽东选集》第2卷，人民出版社1991年版，第526页。

为主。反对只顾才不顾德，也反对只顾德不顾才。才和德应该是统一的。才，不是空才；德，也不是空德。考察一个干部的才和德，主要应看其在完成任务中的表现。"①也明确了人才评价中"德"的重要性。在百余年党史中，我们党正是按照德才兼备、以德为先的原则遴选人才，将大批优秀人才源源不断地选拔到领导岗位上，为党和国家事业的发展提供了重要的人才支撑。

（二）坚持党管人才基本原则，解决好"管什么"的问题

对于党管人才的主要内容，不少人存在一定的误解，认为党管人才就是要对有关人才的事务大包大揽，管理全部。这种观点显然是错误的。我们党所坚持的党管人才原则，主要指的是管大方向。具体来说，可以概括为管宏观、管政策、管协调、管服务四个方面。

管宏观。管宏观的主要目的是党在人才管理中要坚持人才发展的正确方向，加强科学理论指导，制定人才发展规划，把实施人才强国战略作为根本任务加以推进。"管宏观"否定了对人才管理采取单纯的微观行政管理手段的观点，明确人才管理工作是一项具有复杂性的科学活动，既受市场经济法则的指导，也受人才成长规律的约束。因此，党管人才原则并非简单的控制或集中管理，也并非党委部门对职能部门的替代，而在于全面协调人才发展与经济社会进步的关系，整合人才工作与其他领域工作，以及人才工作内部的各个方面，以激活各方面的力量，优化人才的管理与运用，为人才的成长和效能发挥提供坚实的支持和优质的服务。从根本上说，党管人才的核心在于党的人才培育、发展和凝聚，通过政策制定、机制创新、环境优化和服务供给，为更多有志之士拓展广阔发展机遇和空间。这一原则旨在提升人才工作的质量，促进各类人才的全面发展，并将人才资源有效地汇聚到党

---

① 《陈云文选》第1卷，人民出版社1995年版，第214页。

和国家的各项事业中，使其能够充分发挥潜能，为建设社会主义现代化强国贡献智慧和力量。

管政策。党管人才基本原则中的管政策，主要目的是形成宏观指导、具体放活的人才发展格局，统筹、搞活、用好社会各类人才资源，为中华民族伟大复兴中国梦提供智力支持和人才保证。对此，各级党委部门要抓好人才工作重大政策的研究、制定与落实，根据当前需要和对未来形势的预测，科学规划人才队伍建设，使人才的吸纳与培养符合本地区、本单位、本时段的发展特点，注重与中央相关政策的配套协调，努力克服阻碍人才涌流的制度性、政策性障碍，加速突破人才引进与培养过程的堵点难点，构建一整套有特色且符合人才发展规律的制度机制。正如2016年4月26日，习近平总书记在知识分子、劳动模范、青年代表座谈会上所指出的："要深化科技、教育、文化体制改革，深化人才发展体制改革，加快形成有利于知识分子干事创业的体制机制，放手让广大知识分子把才华和能量充分释放出来。"[①]

除此之外，在政策制定方面，我们还要特别关注青年人才这个群体，为青年人才群体铺路搭桥、排忧解难，高度重视青年人才的培养、引进、激励、发展。青年人才是改变世界的力量，在人才队伍中活力最强、创新意识最为活跃、干劲最足。人类历史上伟大的发现与成就，很多都是青年人才做出的。例如，牛顿、爱因斯坦等科学家都是在20多岁时提出了他们一生中最为重要的发现，不少哲学社会科学领域的大家也是在20至30岁时写出了他们的代表性著作。2018年5月28日，在中国科学院第十九次院士大会、中国工程院第十四次院士大会上，习近平总书记就曾指出："青年是祖国的前途、民族的希望、创新的未来。青年一代有理想、有本领、有担当，科技就有前途，创新就有希望。'人材者，求之则愈出，置之则愈匮。'希望广大院士关心和爱护青

---

① 习近平：《在知识分子、劳动模范、青年代表座谈会上的讲话》，《人民日报》2016年4月30日。

年人才，把发现、培养青年人才作为一项重要责任，为青年人才施展才干提供更多机会和更大舞台。各级党委和政府要以识才的慧眼、爱才的诚意、用才的胆识、容才的雅量、聚才的良方，放手使用优秀青年人才，为青年人才成才铺路搭桥，让他们成为有思想、有情怀、有责任、有担当的社会主义建设者和接班人。"[1]因此，在政策制定方面，各级党政部门要对青年人才予以更多支持，使其有崭露头角、大显身手的机会；要多关注青年人才在生活、工作、婚姻等方面的现实问题，解除其后顾之忧，使其能够心无旁骛地参与到所从事事业中来，发挥聪明才智；要更加注重对青年人才的价值引领与心理疏导，使青年人才紧密团结在党的周围，树立为中华民族伟大复兴矢志不渝奋斗的雄心壮志。

管协调。党管人才基本原则中的管协调，主要指的是要发挥党的总揽全局、协调各方的作用，通过人才整合发挥合力，形成整体效应。习近平总书记多次强调："我国社会主义政治制度优越性的一个突出特点是党总揽全局、协调各方的领导核心作用，形象地说是'众星捧月'，这个'月'就是中国共产党。在国家治理体系的大棋局中，党中央是坐镇中军帐的'帅'，车马炮各展其长，一盘棋大局分明。如果中国出现了各自为政、一盘散沙的局面，不仅我们确定的目标不能实现，而且必定会产生灾难性后果。中国近代以后到新中国成立之前的一百多年历史已经充分证明了这一点。"[2]党对一切工作的领导，自然也包括在人才领域的重要协调作用。我们国家是世界上最大的发展中国家，不同地区、不同省份、不同行业、不同所有制、城乡之间的人才情况都有着很大的差异，同时存在着很强的互补性。坚持党管人才原则，就是要统筹推进不同地区、不同省份、不同行业、不同所有制及

---

[1] 习近平：《在中国科学院第十九次院士大会、中国工程院第十四次院士大会上的讲话》，《人民日报》2018年5月29日。

[2] 习近平：《中国共产党领导是中国特色社会主义最本质的特征》，《求是》2020年第14期。

城乡人才资源的开发，推动不同层次、不同级别、不同领域的人才队伍协调发展，利用常态化和非常态化的协调机制，形成人力资源开发利用的合力。为此，要充分调动人才工作中各级党委和部门的积极性，调动社会力量的主动参与、主动作为，将中国的强大"人才力"转化为中华民族伟大复兴的磅礴力量。

管服务。党管人才基本原则中的管服务，主要指的是各级人才部门要更多地将人才工作的重点从"管理"转移到"服务"上来，通过强化服务意识、转变思维惯性、创新服务职能等方式，不断提升各个层级、各种类别人才的工作、生活、学习环境，从硬件和软件两方面尽力满足人才的需要，提高地区、单位、部门对人才的吸引力、感召力和凝聚力。具体来说，各级党委和相关部门要从政策支持上为人才的长远发展创造良好环境，从精神氛围上为人才的办事创业营造积极气氛，调动各类人才的积极性。要根据不同类别人才的特殊需要，建立别具特色的分层分类服务机制。例如，对于党政干部等领导人才，要更加注重提高他们的思想理论水平、政治素养，培养战略思维、底线思维、创新思维等思维方式，帮助他们树立世界眼光和大局意识，提高这类人才的领导水平与执政能力；对于企事业单位的管理人才和骨干，则要努力提高他们对市场经济的认识，通过各类市场化培训机制提升他们驾驭市场、驾驭经济全球化的能力，着力提升他们的跨文化交流水平，提高他们参与国际国内竞争的能力；对于有着一技之长的专业技术人才，则要做好保障，努力从提高他们的业务能力和科研学术水平入手做好服务，使他们能够心无旁骛地投身于自身的研究工作之中，而不是被形形色色的文件、表格等束缚了手脚，牵扯了精力。

（三）坚持党管人才基本原则，解决好"怎么管"的问题

党管干部、党管人才的基本原则提出以来，党的人才工作取得了很大的成就，成功凝聚了大批高质量人才投身革命、建设与改革事业

之中，为中华民族伟大复兴贡献了磅礴的力量。但是，由于在"怎么管"上面存在一些错误认识，在实践中也存在党管人才原则变味走调的情况。因此，在党管人才"怎么管"的问题上，我们必须遵循以下两点。

一是要树立马克思主义的科学人才观，坚持创新管理。在落实党管人才原则的过程中，要时刻注意克服"唯学历论""唯级别论"等错误思想，不是以学历高低、官职大小、辈分资格作为划分人才与否的标准，而是要坚持实事求是的思想路线和认识路线，按照个人知识能力的高低和对社会的贡献度来评价人才、选用人才，把该用的人放在合适的位置上去；要时刻注意克服"官本位"的错误思想，把权力关进制度的笼子里，不搞"一言堂"，不能以少数人的好恶、小圈子的判断作为人才选用与否的标准，不拉关系不讲交情，真正把品德、知识、能力、业绩作为评价人才的标准；要时刻注意不要把党管人才和依法治国对立起来，在实际的人才工作之中真正做到依法办事，按照宪法和法律法规的要求管理人才、培养人才、选用人才。在实际的人才引进等工作之中，学历、职位等指标固然十分重要，但是也只能作为用人选人的参考，要一切从本单位的实际情况出发，抱着对单位建设的高度责任感，营造出尊重知识、尊重劳动、尊重人才、尊重创造的良好风气。

同时，在创新管理人才中，还要注意用人之长、避人之短，科学合理高效地使用人才，辩证地看待人才。人才之为人才，在于其"有所长"，但不是"处处皆长"。无所不能的天才是没有的，再伟大的人才也有自己的短处。清朝的诗人顾嗣协就曾经提出："生材贵适用，幸勿多苛求。"也就是说不能对人才过分苛求，强人所难，而应该根据人才的擅长领域和擅长技能进行任用。他还写了《杂兴八首》这首诗来说明这一点："骏马能历险，力田不如牛。坚车能载重，渡河不如舟。" 2013 年 6 月，习近平总书记在全国组织工作会议上引用这首小诗，并强调指出:"用人得当,就要科学合理使用干部,也就是说要用当其时、用其所长。"①只有这样,我们才能够更加科学合理地使用人才,避免人才浪费、人才埋没,使不同领域具有不同专业技能和领导能力的人才源源不断涌现出来,使广大人才的聪明才智充分释放出来。

二是要切实走出"管人"的思想误区,抓大放小,将人才工作的去行政化管理作为深化党管人才工作的重中之重。习近平总书记曾经指出,要以识才的慧眼、爱才的诚意、用才的胆识、容才的雅量、聚才的良方,广开进贤之路,把各方面知识分子凝聚起来,聚天下英才而用之。这就要求我们,不能简单地把党管人才理解为"管住"人才,使其不犯错误,而是要坚持以人为本,创造各种条件去推动人的自由全面发展,推动人才去开拓工作的新境界与新局面,以制度的活力提升单位、地区的创新精神。具体来说,党管人才就是要为人才的发展建立起公平竞争的平台、培养发展的平台和鼓励激励的平台。其一是建立起公平竞争的平台。在社会主义市场经济条件下,人才之间的竞争十分激烈,市场化的配置在一定程度上能够实现人才的各展其长,但是我们党也应该建立起公平竞争、动态管理的长效用人机制,通过公开招考、竞争上岗等为"千里马"开辟快车道,使人才的脱颖而出有坚强的制度保障。其二是要建立起培养发展的平台。各级党委要努力探索符合新时代需要、符合现实国情世情的培养手段,用好长短期培训、国内外培养、学历教育与职业教育等多种手段,最大程度覆盖不同阶段、不同层次、不同诉求的人才群体,使人人上进、全民学习成为风尚,充分利用好现代网络平台与新媒体,走出一条符合中国国情的人才培养发展之路。其三是要建立起鼓励激励的平台。在实际的人才工作之中,我们仍然要坚持按劳分配与按生产要素分配相结合的原则,可采取年薪制等多种分配方式,充分体现出知识、技能的

---

① 《习近平著作选读》第1卷,人民出版社2023年版,第138页。

价值，鼓励这些生产要素参与分配，从而细心呵护人才创业办事的积极性。

三、创新党管人才的方式方法

当今时代，随着中国综合实力的不断增强，国际地位的不断提高，人才的作用越来越关键。加强新时代人才建设，既要毫不动摇地坚持党管人才的基本原则，发挥党总揽全局、协调各方的作用，又要不断创新党管人才的具体方式方法，使这一基本原则更好落地，更好发挥实效，为党、国家和人民伟大事业的发展提供智力支持和人才保证。具体来说，可以从以下三个方面着手。

（一）要坚持党管人才与依法管理的有机统一

依法治国是我们党治国的基本方略。2014年10月，党的十八届四中全会通过《中共中央关于全面推进依法治国若干重大问题的决定》，第一次以中央全会的形式专题研究、专门部署全面依法治国问题。"四个全面"战略布局提出之后，全面依法治国也被纳入其中，显示出党对依法治国、建设法治国家的高度重视。2018年8月，党中央组建中央全面依法治国委员会，为党全面统筹推进依法治国提供了组织支撑。2020年11月，党中央还第一次召开了中央全面依法治国工作会议。从这些重大举措中我们可以看出，党管人才原则的传承与发扬光大，必然是在依法治国的大背景下进行的。实行人才工作的法治化，这既是依法治国基本方略的必然要求，也是人才工作方式方法创新的题中之义，同时是党管人才基本原则能否在未来继续保持生命力的重要因素。

要持之以恒地推进人才工作的法治化、规范化。随着依法治国进程的稳步推进，要想继续营造尊重知识、尊重人才、尊重劳动的社会风尚，使人才辈出成为常态，就必须不断推进党管人才的相关法律法规体系建设，不断增强党管人才基本原则的法治化、规范化、制度化，为人才的培养、吸纳、成长提供有力制度支持和法律保障。法治是面向所有人的，具有很强的普惠性特征。必须树立法律在人才工作之中的权威，在落实党管人才基本原则的同时格外注重依法管理、依法办事，善于运用法律的力量化解人才择业、就业中产生的矛盾纠纷，使人才发展的每个环节都有相应法律进行保驾护航，切实维护人才的合法权益。只有这样，人才发展的良好环境与人才的主体地位才有可能形成。

要在法律框架内推动整体人才队伍的建设。过去我们贯彻落实党管人才的基本原则，往往通过政策驱动的方式，对某一类或某几类人才给予政策上的照顾或倾斜，这样虽然起到了很好的效果，但是也存在政府投入过大、无法兼顾整体人才队伍建设、存在一定滞后性等问题。尤其是在当今时代，随着经济社会的发展，我们国家与人才相关的法律已经在较多部分滞后于实际的需要，无论是在立法、执法还是司法环节，法治环境的建设都是亟须加强的。例如，随着我国与国际社会的交往程度进一步加深，海外人才移民、出入境、国际犯罪等方面的法律制度就亟须完善。这也是我们国家近些年来人才流失问题严重的重要原因之一。在依法治国基本方略的大背景下，运用法律的力量针对不同人才群体制定精细化的、各有特点的相关规定，可以使不同人才群体各得其所，从长远来看有利于整体人才队伍建设的稳步向好，切实保障重要人才的合法权益，保护国家人才安全。

要特别重视通过立法巩固改革成果。人才工作既要法治化，更要法制化，法制化是法治化的基础。我们国家在人才工作方面的法制建设上已经取得了一些成果，如《中华人民共和国义务教育法》《中华人民共和国教师法》《中华人民共和国学位条例》等法律法规，基本上涵盖了人才培养、吸收、选用等环节的法律需求。但是随着改革的进一步推进，人才工作中的大量经验需要被吸纳进法律体系之中，计划经济时代的一些法律条款急需改变，一些新兴领域的法律空白急需填补。例如，国家对教育的投入问题、近些年来愈来愈成为大众关注焦点的中外合作办学问题、高考移民问题、公务员和中小学生的教育培训问题等，都急需相应的法律法规加以规范和保障。

（二）要坚持党管人才与群众路线的有机统一

群众路线是党在百余年历史中凝练出的根本的政治路线和根本的组织路线，是中国共产党区别于世界其他政党的标志。习近平总书记指出："马克思主义中国化时代化成果，都是党和人民实践经验和集体智慧的结晶。无论是毛泽东思想、中国特色社会主义理论体系，还是新时代中国特色社会主义思想，无不源自于人民的智慧、人民的探索、人民的创造。人民群众身处实践最前沿，对实践变化感知最敏感、感受最深切，也最聪慧，只要走到人民群众中去，很多百思不得其解的问题就能豁然开朗、找到答案。我们的各项工作实践要走好群众路线，推进党的理论创新也要走好群众路线，决不能闭门造车、坐而论道、流于空想。"[1] 群众路线从最本质上体现出中国共产党的性质，体现出马克思主义的群众史观。在马克思主义看来，历史是人民群众创造的，人民群众的力量最为伟大，作为无产阶级政党也只有依靠人民群众的力量才能完成自身的历史使命。离开了最广大的人民群众的支持，中国共产党也只能沦为"泥足巨人"。从这一群众史观来看，人才工作是做"人"的工作，与党的群众路线有着千丝万缕的关系。人才本身就是从群众中来的，是群众的一部分，没有群众，也就谈不上有人才的存在。因此，在党管人才原则的落实过程中，必须将党的群众路线作为人才管理的指导思想，树立从群众中来、到群众中去的理念，把

---

[1] 习近平：《开辟马克思主义中国化时代化新境界》，《求是》2023年第20期。

群众对人才的知情权和参与权落到实处,把民主推荐、民意测验的结果作为重要依据。

要坚定政治立场,处理好党管人才和群众满意之间的关系。党管人才与群众满意从理论上是一致的,而在党的人才工作实践中二者则有可能出现矛盾冲突。例如,经正当程序被选用的人才与群众的期待并不一致,领导与群众对同一人才的认识和感情有着较大偏差,等等。这些现象的存在提醒我们,贯彻党管人才基本原则,要树立从群众中来、到群众中去的思想,维护群众在人才评判中的参与权、知情权。《尚书·五子之歌》中讲,"民惟邦本,本固邦宁"。《管子·牧民》中也指出:"政之所兴,在顺民心。政之所废,在逆民心。民恶忧劳,我佚乐之。民恶贫贱,我富贵之。民恶危坠,我存安之。民恶灭绝,我生育之。"人才工作是具有高度实践性、敏感性、复杂性的工作,领导者只有真诚倾听群众意见,及时回应群众诉求,才能够真正搞清楚群众的期盼,夯实群众基础。

要高度重视群众声音,遴选任用群众信服的人才。党管人才基本原则,并不意味着对人才的考察仅仅通过党委等相关部门就可以了,也不意味着通过法律和程序要求的相关程序就能够"进保险箱",而是必须聆听广大群众的呼声。对干部和人才的考察要从群众中来,善于从群众中获取意见,要从群众对干部人才的评价之中多方面、全方位地考察干部,将群众的观感放在重要位置;对干部人才业绩的评价,同样要重视群众视角,以事察人,防止"一权定音""一言堂"及"凭感觉"下结论,尤其在干部的考核、选拔、任用等关键环节,要坚持民主作风、科学作风,把真正有能力、有本事、有含金量的人才放在重要的位置。正如2018年1月5日,习近平总书记在新进中央委员会的委员、候补委员和省部级主要领导干部学习贯彻习近平新时代中国特色社会主义思想和党的十九大精神研讨班开班式上强调的:"必须做到作风过硬,把人民群众放在心中,广泛开展调查研究,在全心全意为人民服务中提升政治站位、提高工作能力,在真心实意向人民学习中拓展工作视野、丰富工作经验、提高理论联系实际的水平,在倾听人民呼声、虚心接受人民监督中自觉进行自我反省、自我批评、自我教育,在服务人民中不断完善自己,持之以恒克服形式主义、官僚主义,久久为功袪除享乐主义和奢靡之风。"①

要坚定站稳群众立场,常态化开展群众路线教育。党的群众路线教育实践活动,开始于2013年6月。这场活动自上而下分批开展,首先从中央政治局开始。2013年11月,习近平总书记在湖南考察时强调:"要加强对党员、干部特别是领导干部的教育,让大家都明白哪些事能做、哪些事不能做、哪些事该这样做、哪些事该那样做,自觉按原则、按规矩办事。教育实践活动自始至终要把中央要求全面准确理解好执行好,确保改进作风不走样、能持续、可延伸。"②党的群众路线教育实践活动开展以来,在全党、全国、全社会产生了持续性影响。人才工作作为高度敏感性的工作,也必须持续深入开展群众路线教育,站稳群众立场,始终把党性教育、社会主义核心价值观教育等贯彻在人才的培养教育中。对于缺乏群众意识、远离群众、缺乏群众工作能力的人才,特别是较为年轻的干部人才,要在条件允许的范围内将其安排在贴近群众、贴近一线、贴近基层和复杂艰苦地区进行交流,在实践之中提高其对人民群众的感情、提升其对群众史观的信仰、增进其为人民群众服务的宗旨意识。

要用好群众监督作用,提高群众对人才工作的满意度。群众路线要求一切为了群众、一切相信群众、一切依靠群众、切实为人民群众

---

① 《习近平在学习贯彻党的十九大精神研讨班开班式上发表重要讲话强调:以时不我待只争朝夕的精神投入工作 开创新时代中国特色社会主义事业新局面》,《光明日报》2018年1月6日。

② 《习近平在湖南考察时强调:深化改革开放推进创新驱动 实现全年经济社会发展目标》,《人民日报》2013年11月6日。

谋利益。也就是说，人民群众始终是人才工作做得好不好的"试金石"和"最高评判者"。一个人才好不好，有没有发挥出其该有的作用，有没有被放在合适的位置上，人民群众有着最终的评判权。这就凸显出人才工作中群众监督的重要性。我国著名京剧大师梅兰芳曾经说过："金杯银杯不如老百姓的口碑，金奖银奖不如老百姓的夸奖。"这句话同样适用于对人才业绩的评价。在落实党管人才基本原则的过程中，要引导广大人才深入人民群众之中，将自身所从事的工作与人民群众的利益紧密结合起来，把群众真正当作"老师"，当成"考官"，当成"判卷人"，虚心求教，时刻将群众高兴不高兴、满意不满意作为检验自身工作的最根本标准，使各项工作符合群众的意愿、得到群众的认可，努力创造经得起实践、人民和历史检验的业绩。

（三）要坚持党管人才与市场经济的有机统一

1992年，党的十四大确立了社会主义市场经济体制，原先的党管干部基本原则悄然向党管人才基本原则转变。在社会主义市场经济条件下，人才不再像干部一样固定于单位之中，而是通过市场的作用在全社会频繁流动。这就要求我们跟上时代，使党管人才基本原则与社会主义市场经济互相协调、有机统一。只有做到这一点，才能既坚持党对人才工作的统一领导，又充分调动市场主体与人才服务机构的积极性，促进人才、资金、技术等要素的自由流动，在人才的培养、选用、吸收、评价、鼓励等各个环节凸显市场活力。为此，各级党委及相关部门要界定清晰政府与市场的界限，找好自身的职责定位，既不越俎代庖又不缺位失职，在开展人才工作时要树立市场意识，遵守市场经济规律，维持公平竞争的良好市场环境，促进市场经济各主体良性发展、充分竞争。

要提高专业化引才水平，借助市场力量完善人才配置。近些年来，各级党委和相关部门在人才的培养、引进等环节用力很多，但是成效并不明显，归根到底就是在当前的市场经济时代，没能充分调动市场本身的力量，运用更加专业化的手段吸引人才。在今后的人才工作中，党管人才原则的落地，要更加借助人才中介机构、智库等市场化力量，使用云计算、大数据等先进工具，实现人才引进、吸收、激励的精准化、智能化，增强地区、部门对人才的吸引力与感召力，使人才布局更加完善合理。除此之外，各级党委和相关部门还应当逐步建立起多方主体共同参与的人才工作市场化运行模式。例如，通过党委指导、政府推动、企业参与、机构协调等方式，积极邀请智库、猎头公司、人才服务机构、行业协会等市场主体参与人才工作，充分发挥其贴近市场、了解市场的优势，健全人才市场服务体系、人才培养培训机制、人才保障服务机制，提高市场对人才工作的参与度与贡献度。这既降低了政府自身的行政成本，又激发了市场活力，有利于党和政府从宏观上把握全局、掌握情况，在做好服务保障的基础上推动各类人才在经济社会发展的大潮中贡献力量、实现价值。

要科学预测人才需求，加速形成高层次人才载体。党管人才基本原则的贯彻落实，还要求各级党委和相关部门加快转变自身职能，树立服务意识，紧密关注国内外人才发展趋势，科学预测经济社会发展对不同类别人才的需求，根据本地区、本部门实际情况建立具有前瞻性的人才规划，对人才结构进行战略性调整，优化人才结构，提高本地区、本部门对高层次人才的吸引力与感召力。要充分利用党总揽全局、协调各方的优势，加快人才特区、经济开发区等重点领域的建设，整合资金、技术、土地等相关资源，采取政策倾斜，积极引进具有引领示范作用的企事业单位、高新技术研究机构等，努力构建具有普惠性的公共科技服务体系。要高度重视中青年人才，依托大学、研究院等推进后备人才培养，努力培养、吸收、引进一批具备科研担当精神、基础研究能力的中青年骨干，创造人尽其才、人人争先的科研氛围。要进一步开放人才市场政策，积极吸纳各类资本的力量，按照一定的标准完善人才的市场配置机制，使人才、资金、技术、信息等生产要素联动贯通。要通过政策引领等因素，鼓励引领人才向基层、老工业基地、重点项目流动，确保国家人才安全与合理配置。

　　人才工作是百年大计。"党管人才"由"党管干部"发展而来，是人才工作中居于统领地位的首要原则，必须严格遵守，始终牢记。当今世界，综合国力的竞争归根到底是人才的竞争。身处向第二个百年奋斗目标进军的新征程，我们比历史上任何时期都更加渴望人才。我们必须牢记领袖嘱托，久久为功，扎实推进人才工作。要始终将党管人才的基本原则放在人才工作的首位，在这一原则的统领下团结、吸引、培育、成就人才，使高层次人才不断辈出、各层级人才有序衔接、有用之才不断涌流，为中国式现代化的平稳推进贡献力量。

第四章

完善人才战略布局

人才强国战略是中国共产党在百余年奋斗历程中形成的，它深刻体现了党对人才的高度重视和对国家未来发展的深远考量。党的十八大以来，党中央将人才定位为实现民族振兴、赢得国际竞争主动的战略资源，并通过全方位培养、引进、使用人才的重大部署，推动了人才工作的历史性成就和变革。当前，随着我国进入全面建设社会主义现代化国家、向第二个百年奋斗目标进军的新征程，人才的重要性愈发凸显，成为推动国家科技进步、产业升级、经济增长的核心动力，科技创新的关键，国际竞争的优势，社会进步的推动者，民族振兴的支撑，可持续发展的保障，以及应对未来挑战的准备。人才强国战略是实现国家繁荣、社会进步和民族复兴的基础，也是国家在全球化时代中保持竞争力的关键。因此，在新时代人才强国战略必须增强忧患意识，更加重视人才自主培养，加快建立人才资源竞争优势，以完善人才战略布局，为实现中华民族伟大复兴的中国梦提供坚实的人才支撑和智力支持。

党和国家的历次会议精神，尤其是习近平总书记在2021年中央人才工作会议上的重要讲话和党的二十大报告为我国人才战略布局提供了清晰的方向和目标，强调了顶层设计和战略谋划的重要性，提出了具体的实施措施和时间表，展现了我国在全球人才竞争中形成比较优势的决心和信心。人才战略布局是一项系统工程，需要综合考虑时间、空间、体制、资源和国际等多个维度，通过科学规划和有效实施，形成有利于人才成长和发展的生态环境，推动我国加快建设成为世界重要的人才中心和创新高地。

第四章
完善人才战略布局

一、时间布局：顶层设计和战略谋划

在全球化和知识经济的背景下，人才成为国家竞争力的核心要素。我国作为一个正在迅速崛起的国家，深刻认识到人才对于国家未来发展的重要性。因此，从时间布局的角度出发，制定了一个全面的人才战略布局，旨在确保在不同阶段都能有效地吸引、培养和利用人才。时间布局在人才战略布局中起着至关重要的作用，通过明确的时间节点和阶段性目标，我国能够把握战略主动，做好顶层设计和战略谋划。这种时间布局的方式，有助于确保人才战略的连续性和稳定性，同时也能够根据不同阶段的特点和需求，灵活调整和优化人才政策。

习近平总书记在2021年的中央人才工作会议上对人才战略的时间布局在顶层设计和战略谋划层面制定了具体的时间表："到2025年，全社会研发经费投入大幅增长，科技创新主力军队伍建设取得重要进展，顶尖科学家集聚水平明显提高，人才自主培养能力不断增强，在关键核心技术领域拥有一大批战略科技人才、一流科技领军人才和创新团队；到2030年，适应高质量发展的人才制度体系基本形成，创新人才自主培养能力显著提升，对世界优秀人才的吸引力明显增强，在主要科技领域有一批领跑者，在新兴前沿交叉领域有一批开拓者；到2035年，形成我国在诸多领域人才竞争比较优势，国家战略科技力量和高水平人才队伍位居世界前列。"[①]

（一）2025年目标：筑基铸才，科技强国的崛起之路

研发经费投入的增长与国家战略。到2025年，我国全社会研发经

---

① 习近平：《深入实施新时代人才强国战略　加快建设世界重要人才中心和创新高地》，《求是》2021年第24期。

费的大幅增长将成为国家科技创新战略的核心组成部分。根据《中国科技统计年鉴》，中国的研发经费从2010年的7062.6亿元增长到2023年的33357.1亿元，实现了显著增长，展现了国家对科技领域的深刻重视。与此同时，研究与试验发展经费占GDP的比例从2010年的1.71%提高到2023年的2.65%，为科技创新提供了坚实的财政支持。政府通过制定优惠政策、增加财政投入、鼓励企业参与和吸引社会资本，确保研发经费的稳定增长。这为科技创新提供了必要的物质基础，推动了科技与经济的深度融合，促进了产业结构的优化升级。

科技创新主力军的构建。科技创新主力军的构建是实现研发经费增长目标的关键。这包括集聚国内外顶尖科学家，加强与国际科技前沿的交流合作，以及通过教育体系改革，增强人才自主培养能力，根据《中国科技统计年鉴》，2010年至2023年间，中国的研发人员全时当量从255.4万人年增长到724.1万人年，增长了183.5%。同时，通过建立科技创新园区和研究中心，形成战略科技人才、一流科技领军人才和创新团队的集群，为科技创新提供人才保障，这一集群将成为推动科技进步和产业升级的强大动力。

基础与实力的强化。在实现研发经费增长的基础上，强化基础研究和应用研究是提升国家科技创新实力的重要途径，加大对基础研究的投入，鼓励原创性和颠覆性研究，为科技创新提供源源不断的原始动力；推动基础研究成果向应用技术转化，解决实际问题，提升产业竞争力；构建以企业为主体、市场为导向、产学研深度融合的创新体系，形成创新驱动发展的新格局，为国家的长远发展奠定坚实基础，根据经济合作与发展组织（OECD）的数据，2019年，中国的研发投入占全球总投入的21.2%，仅次于美国的25.7%，位居世界第二。这些数据表明，中国在研发经费投入、科技创新能力以及科技人才队伍的建设方面取得了显著进展，这对于实现国家的科技创新战略和长期发展目标具有重要意义。

（二）2030年目标：人才强国，创新引领的未来蓝图

人才制度体系的构建与完善。到2030年，我国将深化构建一个与高质量发展相适应的人才制度体系，这一制度体系的建立，不仅将为国家的持续发展和创新提供坚实的基础，而且将推动人才资源的合理配置和高效利用，特别强调培养具有国际视野和创新能力的人才；政策的引导和激励机制将激发人才的自我提升和创新能力的发挥，为科技进步和产业升级注入活力，为人才的成长和发展创造更加优越的环境，确保他们在科学研究和技术革新中取得显著成果；通过优化人才流动机制，促进人才在不同领域和不同地区之间的交流与合作，形成人才的集聚效应，为经济社会发展提供强有力的智力支持。

创新人才培养能力的显著增强。在这一制度体系的推动下，我国的创新人才培养能力将迎来全面提升，教育系统将重点培育学生的创新思维和实践技能，鼓励他们在学术探索和技术革新中勇于突破；企业和研究机构将与高校紧密合作，通过产学研一体化模式，为人才提供实践平台和创新环境；国家对基础与应用研究的投入将不断加大，为人才的成长和发展营造优越条件，确保他们在科学研究和技术革新中取得重要成就；通过建立多层次、宽领域的人才培养体系，实现从基础教育到高等教育、从职业教育到终身教育的全面覆盖，为不同层次和领域的人才提供个性化、差异化的培养方案。

全球人才吸引力的提升与科技领域的先锋引领。随着人才制度体系的成熟和创新人才培养能力的增强，我国将大幅提升对全球优秀人才的吸引力，通过提供有竞争力的待遇、优越的研究环境和广阔的职业发展空间，吸引世界各地的顶尖人才来我国发展；在主要科技领域，我国将孕育一批具有国际影响力的先锋，他们在各自领域不断实现创新，引领科学技术的前进；在新兴前沿交叉领域，我国也将培养出一批开拓者，他们在跨学科研究中探索未知，为解决全球性挑战提供创

新的解决方案。

（三）2035年目标：竞逐卓越，人才与科技的双重巅峰

构筑人才竞争的金字塔顶端。我国的教育改革正以前所未有的深度和广度推进，从基础教育到高等教育，从职业教育到终身教育，全面深化改革，以培养具有创新精神和实践能力的人才；教育体系的优化，不仅在于课程内容的更新，更在于教学方法的创新，评价体系的完善，通过改革，激发学生的创造力和批判性思维，培养他们解决复杂问题的能力；职业教育的大力发展，为技术技能型人才的成长提供了肥沃土壤，而终身教育体系的完善，则确保了人才队伍的持续更新和优化；人才引进政策的开放，为吸引全球顶尖人才提供了有力保障，国际交流与合作的加强，提升了国内人才的国际视野和竞争力。

塑造国家战略科技力量的钢铁长城。科技创新是国家发展的核心驱动力，我国正通过建立和完善国家实验室体系，加强基础研究，推动原始创新，以实现科技领域的突破；重点领域如人工智能、量子信息、集成电路等，将得到特别的关注和支持，科技成果转化机制的优化，将促进科研成果快速转化为实际生产力，知识产权保护的加强，将激励科研人员和企业的创新活动，通过这些措施，我国将构建起强大的国家战略科技力量，为国家的长远发展提供坚实的科技支撑。

跻身高水平人才队伍的世界前列。为实现2035年的目标，我国将实施一系列战略举措，人才发展政策体系的建立和完善，将确保人才的合理配置和高效利用，与国际顶尖科研机构和高校的合作，将通过人才交流、联合培养、共同研究等方式，提升国内人才的国际竞争力，企业研发投入的加大，将培养企业自身的研发团队，形成产学研用相结合的创新体系，这些举措将推动我国人才队伍在国际舞台上展现出更加卓越的实力和影响力，为全球科技进步和社会发展作出更大的贡献。

二、空间布局：人才区域合理布局和协调发展

空间上，习近平总书记提出要进行战略布局："综合考虑，可以在北京、上海、粤港澳大湾区建设高水平人才高地，一些高层次人才集中的中心城市也要着力建设吸引和集聚人才的平台，开展人才发展体制机制综合改革试点，集中国家优质资源重点支持建设一批国家实验室和新型研发机构，发起国际大科学计划，为人才提供国际一流的创新平台，加快形成战略支点和雁阵格局。"[1] 在党的二十大报告中，又做了进一步的补充，指出要"促进人才区域合理布局和协调发展，着力形成人才国际竞争的比较优势"[2]。

（一）建设关键区域的人才高地

北京、上海、粤港澳大湾区等关键区域将被建设成为高水平的人才高地。这些地区将依托其经济实力、科研资源和国际化环境，成为吸引全球顶尖人才的中心。北京作为国家政治和文化中心，将利用其丰富的教育资源和科研机构，打造成为国际科技创新的重要基地。2014年2月，习近平总书记考察北京时曾对北京的核心功能进行了明确定位，即全国政治中心、文化中心、国际交往中心、科技创新中心，党中央明确提出"对北京而言，这是国际科技创新中心建设的重要内容"。上海作为国际经济和金融中心，将通过其开放的经济体系和国际化视野，吸引和培养国际人才，2020年，上海"五个中心"建设实现重大目标，国际经济、金融、贸易、航运中心基本建成，具有全球影响力的科技创新中心形成基本框架；上海高水平人才高地建设，彰显

---

[1] 习近平：《深入实施新时代人才强国战略 加快建设世界重要人才中心和创新高地》，《求是》2021年第24期。

[2] 《习近平著作选读》第1卷，人民出版社2023年版，第30页。

国际化的人才导向，构筑世界级的人才平台，实行更开放的人才政策，造就战略性的人才力量，构建金字塔型的人才结构，营造高品质的人才生态。粤港澳大湾区则利用其独特的地理优势和政策环境，构建国际化人才发展平台，促进区域协同发展，粤港澳三地科技研发、转化能力突出，拥有一批在全国乃至全球具有重要影响力的高校、科研院所、高新技术企业和国家大科学工程，创新要素吸引力强，具备建设高水平人才高地的良好基础。连接效应，是大湾区最大的兴奋点，香港、澳门与珠三角九市文化同源、人缘相亲、民俗相近、优势互补，已经形成了多层次、全方位的合作格局。

（二）中心城市的人才平台建设

中心城市拥有良好的经济基础、完善的基础设施和丰富的教育资源，是高层次人才集中的高地，通过开展人才发展体制机制的综合改革试点，中心城市将探索建立更加开放和灵活的人才引进机制，包括优化签证政策、提供税收优惠、改善生活配套等措施，以吸引国内外优秀人才；在中心城市的改革试点中，将重点创新人才的培养、使用和激励机制，这包括建立与国际接轨的人才培养体系，提供多样化的职业发展路径，以及构建公平、透明的人才评价体系，通过设立人才发展基金、提供科研项目资助、优化知识产权保护等措施，激发人才的创新活力和创业热情，中心城市还将加强与高校、科研机构和企业的合作，共同打造产学研用一体化的人才培养和使用模式；中心城市将集中国家优质资源，重点支持建设一批国家实验室和新型研发机构，为人才提供国际一流的创新平台，这些平台将成为科技创新的重要基地，吸引和培养一批具有国际视野和创新能力的顶尖人才，通过发起国际大科学计划和参与国际科技合作项目，中心城市将加强与全球科研机构的交流与合作，提升我国在全球科技竞争中的地位，中心城市还将加快形成战略支点，通过打造一批具有国际影响力的科技园区和创新孵化器，为人才提供良好的创业环境和政策支持，这将有助于促进科技成果转化，推动高新技术产业发展，形成以人才为核心的创新生态系统。中心城市将成为我国人才战略布局的重要支点，为高层次人才提供更加广阔的发展空间和优越的发展环境，这不仅将促进人才的创新和创业活动，也将为我国的经济社会发展注入新的活力和动力，加快形成具有国际竞争力的人才发展新格局。

（三）国家实验室和新型研发机构的建设

在我国科技创新和人才发展战略中，国家实验室和新型研发机构的建设是关键一环。首先，从国家实验室的建设与定位来看，国家实验室将作为国家科技创新体系中的最高形式，集中国家优质资源进行重点建设，这些实验室将立足科学研究的最前沿，承担起引领国家科技进步和解决重大科技问题的责任，它们将依托国家重大科技计划和项目，围绕国家战略需求，开展基础性、前沿性、战略性的科学研究；其次，从新型研发机构的培育与发展来看，新型研发机构将作为国家实验室的补充，专注于应用研究和技术开发，这些机构将更加灵活地响应市场需求，推动科技成果转化和产业化，通过与企业、高校和科研机构的紧密合作，新型研发机构将构建起产学研用一体化的创新体系，加速科技成果的商业化进程；再次，从国际大科学计划的发起与参与来看，通过发起和参与国际大科学计划，我国将加强与全球科研机构的合作，吸引国际顶尖科研人才参与，这不仅有助于提升我国在全球科技竞争中的地位，也将为国内人才提供更多的国际交流与合作机会，国际大科学计划将聚焦于全球性科技挑战，如气候变化、能源危机、生物多样性保护等，通过跨国界的科研合作，共同推动重大科技项目的研究与开发；最后，从战略支点与雁阵格局的形成来看，在国家实验室和新型研发机构的基础上，我国将加快形成战略支点和雁阵格局，战略支点是指在关键科技领域和关键地区形成的优势地位，通过这些支点的引领和辐射作用，带动周边地区的科技创新和人才发展，雁阵格局则是指在不同地区、不同领域形成梯次分明、相互支持的创新网络，如同雁群飞行时的队形，既有领头雁的引领，也有后续雁群的跟随和支持。

通过这四个层次的战略布局，国家实验室和新型研发机构将成为我国科技创新的核心力量，为人才提供国际一流的创新平台，这将有助于构建起一个开放、协同、高效的国家创新体系，推动我国在全球科技竞争中占据有利地位，同时也为人才的培养、引进和使用提供更加广阔的空间和更加优越的环境，通过这样的努力，我国将培养和吸引一大批具有国际视野和创新能力的顶尖人才，为实现科技强国的目标奠定坚实的基础。

（四）促进人才区域合理布局和协调发展

促进人才区域合理布局和协调发展是我国实现经济社会全面发展的关键战略，具有深远的意义和紧迫的需求。首先，经济均衡发展是促进人才合理布局的首要原因，我国地域广阔，不同地区发展水平存在差异，东部沿海地区经济较为发达，而中西部地区相对滞后，通过引导人才向发展滞后的地区流动，可以促进区域经济的均衡发展，缩小地区发展差距；其次，产业升级需求也是促进人才合理布局的重要因素，随着经济结构的转型升级，对人才的需求也在变化，合理布局人才资源，可以更好地适应产业发展的新需求，推动产业向高端化、智能化发展；再次，创新驱动发展战略的实施，需要大量创新型人才的支撑，人才是创新的主体，通过人才区域合理布局，可以激发创新活力，推动科技进步和产业升级；最后，在全球化背景下，国际人才竞争日益激烈，形成人才的比较优势，有助于提升我国在国际舞台上的竞争力。

为实现人才区域合理布局和协调发展，我国采取了一系列措施。

一是制定差异化人才政策，根据不同地区的实际情况，制定有针对性的人才政策，引导人才向需要的地区流动，例如，中西部地区可以提供更多的住房补贴、税收优惠等政策，吸引人才前往；二是建立人才发展平台，如国家实验室、研发中心等，为人才提供高水平的科研和创新平台，这些平台可以设在经济发展较快的地区，吸引和集聚人才；三是深化人才体制机制改革，改革人才评价、激励和流动机制，打破体制壁垒，促进人才的合理流动和优化配置，优化人才发展环境，提供良好的生活和工作条件，改善人才服务，营造尊重人才、鼓励创新的社会氛围，促进产学研用结合，加强高校、科研机构与企业的合作，推动科技成果转化，为人才提供实践和创新的舞台；四是加强国际人才交流，积极参与国际人才交流项目，吸引海外人才，同时为国内人才提供国际视野和经验。除此之外，我国还实施区域协调发展战略，通过区域政策引导，促进资源在不同地区之间的合理配置，形成各具特色、优势互补的区域发展格局；建立人才数据库和信息平台，利用信息化手段，实现人才信息的共享和优化配置；强化人才安全和权益保护，加强对人才的法律保护，确保人才的知识产权和创新成果得到有效保护。通过这些措施，我国有效地促进了人才区域合理布局和协调发展，形成了人才国际竞争的比较优势，为实现经济社会的全面发展和长远进步提供了坚实的人才支撑和智力保障。

三、整体布局：规模宏大、结构合理、素质优良

习近平总书记在党的二十大报告中深刻指出："完善人才战略布局，坚持各方面人才一起抓，建设规模宏大、结构合理、素质优良的人才队伍。"[①] 这一表述体现了党对人才工作的全面领导和统筹谋划，坚

---

① 《习近平著作选读》第1卷，人民出版社2023年版，第30页。

持各方面人才一起抓，意味着我们要打破部门壁垒、行业限制等束缚，形成全社会共同关心和支持人才工作的良好局面，同时，通过建设规模宏大、结构合理、素质优良的人才队伍，我们可以为国家的经济社会发展提供更加坚实的人才支撑。这一表述强调了人才在国家发展中的核心地位，人才是推动经济社会发展的关键因素，只有拥有一支高素质、专业化的人才队伍，才能为国家的长远发展提供源源不断的动力，通过完善人才战略布局，我们可以更好地整合和优化人才资源，提高人才的利用效率和使用效益。这一表述也反映了新时代人才工作的新要求和新挑战，在新时代背景下，我们需要更加注重人才的培养、引进和使用工作，努力打造一支能够适应新时代发展需求的高素质人才队伍，这不仅可以提升国家的整体竞争力，还可以为实现中华民族伟大复兴的中国梦提供有力保障。这一表述还彰显了党对人才的尊重和关怀，通过不断完善人才政策和制度环境，为各类人才提供更好的发展机会和条件，让他们能够在各自的领域里充分发挥自己的才华和作用，这种对人才的尊重和关怀不仅有助于激发他们的工作热情和创造力，也有助于形成良好的社会氛围和文化传统。

（一）规模宏大

"全国人才资源总量从2010年的1.2亿人增长到2019年的2.2亿人，其中专业技术人才从5550.4万人增长到7839.8万人。各类研发人员全时当量达到480万人年，居世界首位。"[①] 这些数据表明，我国人才队伍快速壮大，人才资源总量和专业技术人才数量均有显著增长，研发人员全时当量也稳居世界首位。2010年至2019年间，我国人才资源总量增长的主要驱动因素是《国家中长期人才发展规划纲要（2010—2020年）》的实施和科技人才工作的推进。立足《国家中长期人才发展规划

---

① 习近平：《深入实施新时代人才强国战略　加快建设世界重要人才中心和创新高地》，《求是》2021年第24期。

纲要（2010—2020年）》，党和国家高度重视人才工作，提出了一系列加强人才工作的政策措施，培养造就了各个领域的大批人才，这些政策的实施为人才资源总量的增长提供了坚实的基础。此外，科技人才工作的推进也是重要驱动力之一。近年来，国家出台了一系列政策措施来支持专业技术人才队伍的发展，例如，《关于加强新时代高技能人才队伍建设的意见》强调了技能人才在支撑中国制造中的重要作用，并要求各地区各部门结合实际认真贯彻落实；人力资源社会保障部等部门也发布了《专业技术人才知识更新工程实施方案》，旨在通过知识更新工程提升专业技术人才的能力。基于此，2010年至2017年，三类研究类型的研发人员数量均有不同程度的增长，其中从事基础研究的研发人员增速最快。与此同时，我国世界人才竞争力排名也有所提升，从2014年的第28位上升到2024年的第14位，之所以如此，一方面是因为我国2023年的研究与试验发展经费支出与GDP之比达到了2.65%，比2014年提高了0.63个百分点，这种持续增加的科技投入为研发人员提供了充足的资金支持，另一方面是因为中国在科技创新方面取得了显著进步，全球创新指数排名不断提升，为科研人员提供了良好的研究环境和创新激励。这些都表明人才强国战略在推动人才资源总量增长方面发挥了重要作用。

（二）结构合理

努力构建合理的学科结构。全面建设社会主义现代化国家，要培养造就大批哲学家、社会科学家、文学艺术家等各方面人才。近年来，我国哲学社会科学、文学艺术、自然科学人才队伍不断壮大、素质不断提升、结构不断优化。然而，面对新形势新要求，仍需解决一些制约人才发展的瓶颈问题，一方面，从哲学社会科学和文学艺术层面来看，首先，要培养造就一批善于思考和研究中国问题的人才，立足当代中国正在经历的社会变革和创新实践，发现新问题、提出新观点、构建新理论，推进马克思主义中国化、时代化，回答好中国共产党为什么能、马克思主义为什么行、中国特色社会主义为什么好的问题；其次，要培养造就一批善于传播中华优秀文化的人才，发出中国声音、讲好中国故事，不断提高国际传播影响力、中华文化感召力、中国形象亲和力、中国话语说服力和国际舆论引导力；最后，要研究编制哲学社会科学和文学艺术人才发展规划，为构建中国特色哲学社会科学、繁荣发展社会主义文艺提供坚实人才支撑。另一方面，从自然科学基础研究层面来看，首先，高校特别是"双一流"大学要发挥培养基础研究人才主力军作用，全方位谋划基础学科人才培养，突破常规，创新模式，更加重视科学精神、创新能力、批判性思维的培养教育；其次，要建设一批基础学科培养基地，吸引最优秀的学生立志投身基础研究，加大重大原始创新人才培养力度；再次，要建立交叉学科发展引导机制，培养高水平复合型人才；最后，要制定实施基础研究人才专项，长期稳定支持一批在自然科学领域取得突出成绩且具有明显创新潜力的青年人才。

努力构建合理的人才队伍结构。习近平总书记强调，要造就规模宏大的青年科技人才队伍，把培育国家战略人才力量的政策重心放在青年科技人才上，支持青年人才挑大梁、当主角。2023年12月，科技部发布《中国科技人才发展报告（2022）》。该报告显示，我国研发人员全时当量由2012年的324.7万人年提高到2022年的635.4万人年，稳居世界首位。更多优秀青年科技人才在国家重大科技任务中挑大梁、当主角，国家重点研发计划参研人员中45岁以下科研人员占比超过80%。加强青年科技人才培养使用是加快建成人才强国的战略要求，面向2035年，我国要建成人才强国、成为世界重要人才中心和创新高地，必须拥有一大批在国际上有重要影响力、能有效解决国家重大需求的高水平科技人才。以发展的眼光看，当前30岁至40岁的青年科技人才，到2035年时将成为我国科技创新的中坚和骨干力量，他们的专业能力和学术影响力决定了人才强国建设的基础。加强青年科技人才队伍建设，是实现2035年建成人才强国战略目标的长远之计、固本之策、战略之举。

努力构建合理的人才层次结构。近年来，在国家政策的大力支持以及社会的高度关注下，专业技术人才队伍蓬勃发展，队伍规模不断壮大，整体素质不断提高，人才结构不断优化，服务经济社会发展作用愈发明显。多年来，一方面我国专业技术人才总量不少，另一方面又面临人才结构性不足的突出矛盾，特别是在重大科研项目、重大工程、重点学科等领域领军人才严重不足。为此，我国以高层次创新型人才为重点，着力加强高级专家队伍建设，改进完善政府特殊津贴制度，2010—2021年新选拔享受政府特殊津贴人员近2.5万人；同时，注重加强中青年学术技术带头人选拔培养工作，2012年开始实施新一轮国家百千万人才工程，计划10年选拔培养4000名中青年领军人才，瞄准世界科技前沿，引领和支撑国家重大科技、关键领域实现跨越式发展。在此基础上，按照系统继承、分门别类的原则，针对不同类型、不同层次的人才制定具体化、普惠性举措，形成重点突出、层次分明、覆盖广泛、务实管用的人才政策体系，从而既发挥高层次人才在经济社会发展中的关键性作用，又发挥中级、初级人才在经济社会发展中的基础作性用。围绕构建有序的考核评估、激励和退出机制，建立健全高层次人才评价认定指标体系和考核评估体系。

（三）素质优良

截至2023年底，我国人才资源总量超2亿人，专业技术人才总量达8000多万人，高技能人才超过6000万人，累计招收培养博士后36万人；截至2021年底，享受政府特殊津贴人员18.7万人，百千万人才工程国家级人选6500多人，累计有3935万人取得各类专业技术人员职业资格证书，初步建立了一支规模宏大、结构合理、素质优良的专业技术人才队伍。在党的二十大报告中，习近平总书记强调"培养造就大批德才兼备的高素质人才，是国家和民族长远发展大计"①，并对此进行了全面而深入的规划，以推动新时代人才强国战略的深入实施，不断改善人才发展环境、激发人才创造活力，大力培养造就一大批具有全球视野和国际水平的战略科技人才、科技领军人才、青年科技人才和高水平创新团队。无论是在量子信息、干细胞、脑科学等前沿方向上取得一批重大原创成果，还是在深海、深空、深地、深蓝等领域积极抢占科技制高点，我国科技实力正在从量的积累迈向质的飞跃、从点的突破迈向系统能力提升，科技创新取得新的历史性成就。这离不开包括国家战略人才在内的我国广大科技工作者面向世界科技前沿、面向经济主战场、面向国家重大需求、面向人民生命健康，把握大势、抢占先机，直面问题、迎难而上，自觉履行实现高水平科技自立自强的职责使命和优良素质。

　　加快培养高素质人才力量，要把习近平总书记重要讲话精神落到实处。首先，大力培养使用战略科学家，坚持实践标准，在国家重大科技任务担纲领衔者中发现具有深厚科学素养、长期奋战在科研第一线，视野开阔，前瞻性判断力、跨学科理解能力、大兵团作战组织领导能力强的科学家；坚持长远眼光，有意识地发现和培养更多具有战略科学家潜质的高层次复合型人才，形成战略科学家成长梯队。其次，打造大批一流科技领军人才和创新团队，发挥国家实验室、国家科研机构、高水平研究型大学、科技领军企业的国家队作用，围绕国家重点领域、重点产业，组织产学研协同攻关；优化领军人才发现机制和项目团队遴选机制，对领军人才实行人才梯队配套、科研条件配套、管理机制配套的特殊政策。再次，青年人才是国家战略人才力量的源头活水，造就规模宏大的青年科技人才队伍，把培育国家战略人

---

① 《习近平著作选读》第1卷，人民出版社2023年版，第30页。

才力量的政策重心放在青年科技人才上,支持青年人才挑大梁、当主角。最后,制造业是我国的立国之本、强国之基,培养大批卓越工程师,努力建设一支爱党报国、敬业奉献、具有突出技术创新能力、善于解决复杂工程问题的工程师队伍;调动好高校和企业两大主体的积极性,实现产学研深度融合。

第五章

建设世界重要人才中心和创新高地

2021年9月27日至28日，中央人才工作会议在北京召开。习近平总书记在会议上提出深入实施新时代人才强国战略，全方位培养、引进、用好人才，加快建设世界重要人才中心和创新高地，为2035年基本实现社会主义现代化提供人才支撑，为2050年全面建成社会主义现代化强国打好人才基础。这是以习近平同志为核心的党中央，在"两个一百年"历史交汇点、开启全面建设社会主义现代化国家新征程关键时刻，着眼未来，把握大势，对新时代人才强国战略做出的顶层设计和战略谋划。我们的目标是：到2025年，全社会研发经费投入大幅增长，科技创新主力军队伍建设取得重要进展，顶尖科学家集聚水平明显提高，人才自主培养能力不断增强，在关键核心技术领域拥有一大批战略科技人才、一流科技领军人才和创新团队；到2030年，适应高质量发展的人才制度体系基本形成，创新人才自主培养能力显著提升，对世界优秀人才的吸引力明显增强，在主要科技领域有一批领跑者，在新兴前沿交叉领域有一批开拓者；到2035年，形成我国在诸多领域人才竞争比较优势，国家战略科技力量和高水平人才队伍位居世界前列。这三个重要阶段性目标，明确了新时代人才工作新局面的时间表、规划图、路线图，对于深入实施新时代人才强国战略、加快建设世界科技强国具有重大意义。

一、建设世界重要人才中心和创新高地的重大战略意义

2018年5月28日，习近平总书记在中国科学院第十九次院士大会、中国工程院第十四次院士大会上指出："中国要强盛、要复兴，就一定

要大力发展科学技术，努力成为世界主要科学中心和创新高地。"[1]党的十八大以来，以习近平同志为核心的党中央高度重视科技创新在经济社会中的重要地位和作用，强调适应和引领我国经济发展新常态，关键是要依靠科技创新转换发展动力。科技创新的关键在于建设一支规模宏大、结构合理、素质优良的创新人才队伍。习近平总书记在提出努力成为世界主要科学中心和创新高地之后，又创造性地提出加快建设世界重要人才中心和创新高地。世界主要科学中心和世界重要人才中心，是一个事情的两个方面，二者之间是相互联系、相互促进、相辅相成的关系。从历史经验来看，世界强国必然是科技强国与人才强国。党的二十大报告强调："加快建设世界重要人才中心和创新高地，促进人才区域合理布局和协调发展，着力形成人才国际竞争的比较优势。"[2]

（一）为推进中国式现代化提供基础性、战略性支撑

党的二十大报告强调："教育、科技、人才是全面建设社会主义现代化国家的基础性、战略性支撑。"[3]我国经济已由高速增长阶段转向高质量发展阶段，高质量发展是全面建设社会主义现代化国家的首要任务。没有坚实的物质技术基础，就不可能全面建成社会主义现代化强国。从党的二十大开始，中国共产党的中心任务之一就是以中国式现代化全面推进中华民族伟大复兴，而加快建设世界重要人才中心和创新高地，是支撑我国到2035年基本实现现代化这个总体目标的一个关键变量。它既是新时代深入实施人才强国战略的顶层设计，也是整个

---

[1] 习近平：《在中国科学院第十九次院士大会、中国工程院第十四次院士大会上的讲话》，《人民日报》2018年5月29日。

[2] 习近平：《高举中国特色社会主义伟大旗帜　为全面建设社会主义现代化国家而团结奋斗——在中国共产党第二十次全国代表大会上的报告》，人民出版社2022年版，第36页。

[3] 习近平：《高举中国特色社会主义伟大旗帜　为全面建设社会主义现代化国家而团结奋斗——在中国共产党第二十次全国代表大会上的报告》，人民出版社2022年版，第33页。

战略实施的核心标志。建设世界重要人才中心和创新高地就是运用系统观念来实现教育、科技、人才统筹发展。高水平、高素质人才是推进中国式现代化的动力源泉。中国式现代化从根本上说要实现人的现代化,加快建设世界重要人才中心和创新高地,可以为推进中国式现代化提供高端人才支撑。立足新发展阶段、贯彻新发展理念、构建新发展格局,推动高质量发展,必须深入实施科教兴国战略、人才强国战略、创新驱动发展战略。

支撑教育现代化。培养创新型人才是国家、民族长远发展的大计。我国拥有世界上规模最大的高等教育体系,拥有各项事业发展的广阔舞台,完全能够源源不断培养造就大批优秀人才,我国教育是能够培养出大师来的,我们要有这个自信。人的现代化关键在于教育的现代化,高端人才的培养与出现,与教育现代化水平有很大的关系。全球人才竞争一定程度上也是教育竞争,教育竞争同时也就是高端人才竞争,人才强国建设与教育强国建设具有相互联系、相互促进、相互支撑的关系。要建设教育强国,提升我国在全球教育界的竞争力,需要有大批高端人才投入到教育领域中来,发挥高端人才在拔尖创新人才培养中的巨大作用。习近平总书记强调:"'栽下梧桐树,引来金凤凰。'要构筑集聚全球优秀人才的科研创新高地,完善高端人才、专业人才来华工作、科研、交流的政策。"[①]加快建设世界重要人才中心和创新高地,能够集聚全球优秀人才投入到研发、教育与交流活动之中,营造培养拔尖创造人才的良好环境,为国家培养更多基础学科拔尖人才和关键领域急需的高层次人才。我国是教育大国,还不是教育强国,加快教育强国建设和推进教育现代化,需要通过建设世界人才中心和创新高地来为提升教育竞争力提供人才支撑。

支撑科技现代化。习近平总书记在江苏考察时强调,中国式现代

[①] 习近平:《在中国科学院第二十次院士大会、中国工程院第十五次院士大会、中国科协第十次全国代表大会上的讲话》,《人民日报》2021年5月29日。

第五章
建设世界重要人才中心和创新高地

化关键在科技现代化。科学技术是现代化的重要内容，科技进步是现代化发展的重要标志。科学技术始终以一种不可逆转、不可抗拒的力量推动人类社会向前发展。科技创新是人类社会发展的重要引擎，是应对许多全球性挑战的有力武器，也是中国构建新发展格局、实现高质量发展的必由之路。全面建成社会主义现代化强国、实现第二个百年奋斗目标，必须走自主创新之路。以时不我待的紧迫感推进科技自立自强，只争朝夕突破"卡脖子"问题，努力把关键核心技术和装备制造业掌握在我们自己手里。深入实施创新驱动发展战略，加强区域创新体系建设，进一步提升自主创新能力，努力在突破关键核心技术难题上取得更大进展。习近平总书记在中国科学院第十九次院士大会、中国工程院第十四次院士大会上指出："进入21世纪以来，全球科技创新进入空前密集活跃的时期，新一轮科技革命和产业变革正在重构全球创新版图、重塑全球经济结构。"[1]信息、生命、制造、能源、空间、海洋等的原创突破为前沿技术、颠覆性技术提供了更多创新源泉，学科之间、科学和技术之间、技术之间、自然科学和人文社会科学之间日益呈现交叉融合趋势，科学技术从来没有像今天这样深刻影响着国家前途命运，从来没有像今天这样深刻影响着人民生活福祉。加快建设世界重要人才中心和创新高地，聚焦"卡脖子"等关键核心技术攻关，牵住科技创新现代化这一"牛鼻子"，汇聚全球智力资源持续加强科技创新第一动力，形成具有影响力的全球创新生态体系，依靠优秀的科技人才队伍和突出的原始创新能力，在核心领域持续产出一批原创科技成果，这是实现科技现代化的关键决定性因素。

支撑人才现代化。我们比历史上任何时期都更加接近实现中华民族伟大复兴的宏伟目标，也比历史上任何时期都更加渴求人才。强国之道，要在得人，全球发展的竞争，说到底是人才的竞争。新时代人

---

[1] 习近平：《在中国科学院第十九次院士大会、中国工程院第十四次院士大会上的讲话》，《人民日报》2018年5月29日。

才强国战略目标，是加快建设世界重要人才中心和创新高地，为2035年基本实现社会主义现代化提供人才支撑，为2050年全面建成社会主义现代化强国打好人才基础。改革开放40多年来，中国已经成为世界人才大国。2023年初的相关资料显示："我国人才资源规模居于世界首位，人才资源总量突破1.75亿人，科技人力资源数量达到1亿人，专业技术人才超过8000万人，全国具有大专以上学历人口达到2.18亿人，2021届高校毕业生人数达到900万人，全国国民平均受教育年限达到9.4年，主要劳动年龄人口受过高等教育的比例达到了21.2%，人才资源占人力资源总量的比例超过15.5%。"[①] 但我国还不是人力资源强国，人才发展体制机制还不完善，激发人才创新创造活力的激励机制还不健全，顶尖人才和团队比较缺乏。人才流失、人才结构不合理、人才管理体制机制不完善等问题依然存在，国内高校和科研院所存在缺少世界顶尖科学家和一流科研机构的情况，一定程度上存在排斥西方科学家、仅仅面向华人开放的研究现状，而不是面向全球构建开放创新生态，不利于全球高端人才参与到研究工作中来。前瞻性加快建设世界重要人才中心和创新高地，就是要着力提升人才自主培养质量并深化开展国际交流合作，使市场在人力资源配置中发挥决定性作用，实现人才制度现代化、人才素质现代化、人才管理体制现代化和人才发展环境现代化。

（二）夯实高水平科技自立自强的人才根基

习近平总书记在中国科学院第二十次院士大会、中国工程院第十五次院士大会、中国科协第十次全国代表大会上强调："激发各类人才创新活力，建设全球人才高地。世界科技强国必须能够在全球范围内吸引人才、留住人才、用好人才。我国要实现高水平科技自立自强，

[①] 孙锐：《建设新时代人才强国：面向高质量发展的人才工作研究》，人民出版社2023年版，第156页。

归根结底要靠高水平创新人才。"① 科技立则民族立，科技强则国家强。当前，新一轮科技革命和产业变革突飞猛进，科学研究范式正在发生深刻变革，学科交叉融合不断发展，科学技术和经济社会发展加速渗透融合。科技创新广度显著加大，宏观世界大至天体运行、星系演化、宇宙起源，微观世界小至基因编辑、粒子结构、量子调控，都是当今世界科技发展的最前沿。科技创新深度显著加深，深空探测成为科技竞争的制高点，深海、深地探测为人类认识自然不断拓展新的视野。科技创新速度显著加快，以信息技术、人工智能为代表的新兴科技快速发展，大大拓展了时间、空间和人们的认知范围，人类正在进入一个"人机物"三元融合的万物智能互联时代。经过多年努力，我国科技整体水平大幅提升，我们完全有基础、有底气、有信心、有能力抓住新一轮科技革命和产业变革的机遇，乘势而上，大展宏图。同时也要看到，我国原始创新能力还不强，创新体系整体效能还不高，科技创新资源整合还不够，科技创新力量布局有待优化，科技投入产出效益较低，科技人才队伍结构有待优化，科技评价体系还不适应科技发展要求，科技生态需要进一步完善。

要自觉履行高水平科技自立自强的使命担当。在激烈的国际竞争中，我们要开辟发展新领域新赛道、塑造发展新动能新优势，从根本上说，还是要依靠科技创新。一言以蔽之，我们能不能如期全面建成社会主义现代化强国，关键看能否实现科技自立自强。习近平总书记强调："实现我们的奋斗目标，高水平科技自立自强是关键。综合国力竞争说到底是人才竞争。人才是衡量一个国家综合国力的重要指标。国家发展靠人才，民族振兴靠人才。"② 目前我国在航天等一些领域已

---

① 习近平：《在中国科学院第二十次院士大会、中国工程院第十五次院士大会、中国科协第十次全国代表大会上的讲话》，《人民日报》2021年5月29日。

② 习近平：《深入实施新时代人才强国战略 加快建设世界重要人才中心和创新高地》，《人民日报》2021年9月29日。

经形成人才竞争比较优势，但这样的领域还不多。针对高层次人才队伍状况，我国从高水平科技自立自强的角度，部署了创新型人才培养的重点，如战略科学家、一流科技领军人才和创新团队、卓越工程师、具有明显创新潜力的青年人才等。我们着力实施人才强国战略，营造良好人才创新生态环境，聚天下英才而用之，充分激发广大科技人员的积极性、主动性、创造性。我们扩大科技领域开放合作，主动融入全球科技创新网络，积极参与解决人类面临的重大挑战，努力推动科技创新成果惠及更多国家和人民。全面激发和释放科技人才自立自强的创新创造活力，从人才的培养、引进、使用、流动和激励等环节，促进人才链、创新链、学科链、产业链深度融合，充分释放科技人才创新创造活力，确保我国科技创新自主、安全、可控，确保科技创新向着更优质量、更高效率、更强动力迸发。

大力畅通国内人才大循环、促进国内国际人才双循环，为高水平科技自立自强提供强有力的人才支撑。实现高质量发展、加快推进社会主义现代化强国建设，离不开科技创新的深度支撑和科技人才的自立自强。人才自主培养是建成人才强国的关键环节，虽然我国在创新人才自主培养方面与发达国家相比还有较大的差距，但畅通人才自主培养的国内大循环，仍然是加强人才强国建设、提供强大智力资源支持的首要任务。习近平总书记在党的二十大报告中强调，坚持把国家和民族发展放在自己力量的基点上，坚持把中国发展进步的命运牢牢掌握在自己手中。要实现高水平自立自强，不仅要立足我国实际大力培养自主创新人才，还需要促进国内国际人才双循环。"从促进国内国际双循环看，实现科技人才自立自强，有利于新形势下打造我国参与国际合作与竞争的新优势。尤其面对单边主义、保护主义，自立自强的科技人才可以在实现自主创新发展的基础上，更加自信、主动参与到国际科技合作当中，为构建人类命运共同体贡献中国智慧、中国方案。"①加快建设世界重要人才中心和创新高地，在北京、上海、粤港澳大湾区建设高水平人才高地，一些高层次人才集中的中心城市着力建设吸引和集聚人才的平台，发起国际大科学计划，为人才提供国际一流的创新平台，加快形成战略支点和雁阵格局，推动实现高质量的国际科技交流合作，吸引更多关键领域的世界优秀人才，鼎力支撑高水平科技自立自强。

（三）形成人才国际竞争的比较优势

人才资源是第一资源，世界各国综合国力的竞争说到底是人才竞争，争夺人才资源成为国际战略博弈的主要战场。2012年，习近平总书记在广东考察工作时强调："综合国力竞争归根到底是人才竞争。哪个国家拥有人才上的优势，哪个国家最后就会拥有实力上的优势。外国看中国的潜力所在，就是看这个。"②人才越来越成为推动经济社会发展的战略性资源。党的二十大报告强调加快建设世界重要人才中心和创新高地的重要目标，就是要着力形成人才国际竞争的比较优势。目前，越来越多的国家追求产业链和供应链的本土化，世界各国非常重视人才引领发展的重要作用，国家间的"抢人大战"日趋激烈，从而造成我国的全球引才、留才等行动面临严峻挑战。中国要想赢得国际竞争主动，就必须加快建设世界重要人才中心和创新高地，更好地在全球范围内吸引人才、留住人才、用好人才，为奋力实现中华民族伟大复兴汇聚磅礴力量。

我国目前人才竞争力还有短板与弱项，与形成人才国际竞争的比较优势还有差距。"根据欧洲工商管理学院和美国波图兰研究所联合发布的《2021年全球人才竞争力指数》报告，我国的全球人才竞争力排名连续四年上升，2021年上升至第37位，首次跻身全球前40位。进

---

① 任晓刚：《夯实科技自立自强的人才根基》，《人才资源开发》2021年第5期。
② 《习近平关于人才工作论述摘编》，中央文献出版社2024年版，第17页。

一步分析指数得分情况发现，我国在大规模的正规教育和终身学习指标上表现亮眼，但在吸引和留住人才领域短板明显，排名仅为全球第78位，远远落后于其他指标项的排名。"①另据其他资料显示："我国人才队伍整体开发还不够平衡，人才队伍结构性矛盾还较为突出。其中，战略科学家和顶尖人才匮乏，基础研究人才不足，能够解决'卡脖子'和'0—1'技术问题的人才太少，高水平工程师和技能人才供给不够，工程科技人才培养与使用相脱节，高校院所事业单位人事制度僵化、人才政策精准化程度不高，体制机制改革'最后一公里'不畅通和'最后一米'未落地等问题成为制约我国高质量发展和高水平科技自立自强的桎梏。人才原始创新能力、国际竞争能力、自我孕育和自由涌现能力与我们的战略需求相比还具有较大差距。"②

世界科学中心同时也是世界人才中心，推动教育、科技、人才的协同发展将会对建设世界重要人才中心和创新高地产生催化作用。落实以习近平同志为核心的党中央关于做好新时代人才工作的顶层设计和战略部署，既要学习借鉴世界上一些科技和人才强国的先进做法，大胆实践，分类分层推进，也需要根据我国科技创新的布局和现实条件，总结经验，以点带面，探索创新中国特色人才队伍建设新模式，以更高起点、更高层次、更高目标推进世界重要人才中心和创新高地建设。我们要通过社会主义具有集中力量办大事的制度优势，充分发挥市场在人力资源配置中的决定性作用，深化人才发展体制机制改革，实行更加开放、灵活的人才政策，构建高效的全球人才开放生态体系，坚持高端人才培养与引进并举，加快高端人才的储备与使用。培育、集聚一大批年轻的、处于创新活跃期的顶尖科学家、工程师和科技创新人才是一项首要任务。"新时代人才强国战略实施要力争在培养、

---

① 吴江主编：《人才强国》，人民日报出版社2023年版，第82页。
② 孙锐：《新时代人才强国战略的内在逻辑、核心构架与战略举措》，《学术前沿》2021年第24期。

集聚和使用国际顶尖人才上有所突破；在提升人才发展载体平台国际化能级上有所突破；在建设高质量技术技能人才集群和发展赋能上有所突破；在构建人才中心城市一流人才创新创业生态系统上有所突破；在人才大数据建设、分析和动态应用上有所突破，进一步增强全球范围内的人才配置能力、吸引能力和平台竞争能力，形成'聚天下英才而用之'的制度体系。"①

二、建设世界重要人才中心和创新高地的实践路径

2021年的中央人才工作会议第一次对人才强国建设具体时间点、完成的指标任务、实现的进展、达到的竞争力水平等做出了具体要求。未来一段时期，是我国加快建设世界人才强国的攻坚期、加速期，建设世界重要人才中心和创新高地需要着眼全国、全球前瞻布局，形成国内国际人才双循环的大格局。"下一步国家将在整体层面上布局若干个人才发展极点、支点，通过打造区域人才发展'能量核'和'增长极'，做强区域中心人才集聚发展地标，以点带面，以点上爆发式效应带动辐射面上大发展。"② 比如，在北京、上海、粤港澳大湾区建设高水平人才高地，使其率先成为世界重要人才中心和创新高地，推动形成人才发展战略支撑点和雁阵格局。

（一）打造高水平人才中心和创新高地

习近平总书记在中央人才工作会议上对我国加快建设世界重要人才中心和创新高地作出重大部署：首先是在北京、上海、粤港澳大湾

---

① 孙锐：《新时代人才强国战略的内在逻辑、核心构架与战略举措》，《学术前沿》2021年第24期。
② 孙锐：《建设新时代人才强国：面向高质量发展的人才工作研究》，人民出版社2023年版，第156页。

区建设高水平人才高地，使其率先成为世界重要人才中心和创新高地；其次是在高层次人才集中的中心城市建设吸引和集聚人才的平台，使其成为世界重要人才中心和创新高地的第二梯队；再次是建设一批国家实验室和新型研发机构，发起国际大科学计划，为人才提供国际一流的创新平台，使其形成战略支点和雁阵格局。[①]

在加快建设世界重要人才中心和创新高地方面，北京作为我国首都是推动建设社会主义现代化强国的重要支撑，拥有人才自主培养、科技创新能力等诸多雄厚优势。"拥有全国占比超过1/5的顶尖高校、1000多家科研院所和128家国家重点实验室，'高被引科学家'数量超过美国硅谷。此外，北京还拥有近3万家高新技术企业、280余家国家级专精特新'小巨人'企业和90余家全球独角兽企业，雄厚的科学创新能力在'国际科技创新中心指数2021'榜单中位列第四"[②]。北京市委人才工作会议提出要以国家战略人才力量为主线，以首善标准抓好人才工作，力争率先建成高水平高地。首都人才工作在强国战略全局中具有重要地位，北京系统部署了建设高水平人才高地的重点任务，一是把战略人才力量作为人才高地建设的重中之重。围绕人工智能、量子信息、区块链、生物技术等关键核心技术，集聚和支持一批科技领军人才和创新团队。二是继续加强人才自主培养。通过国家战略科技力量等重大科技创新平台培养人才，发挥高校在人才培养中的主阵地作用，着眼于高水平科技自立自强，超前布局培养战略科学家、一流科技领军人才和创新团队、卓越工程师、具有明显创新潜力的青年人才。三是推动人才高水平对外开放。深化国际人才交流合作，既积极引进海外人才，又鼓励和支持人才"走出去"，积极参与和发起国际大

[①] 参见蔡秀萍、吴江：《新时代人才工作的战略擘画——中央人才工作会议精神解读》，《中国人才》2021年第10期。

[②] 吴江主编：《人才强国》，人民日报出版社2023年版，第85页。

科学计划。①

把建设高水平人才高地作为上海人才工作的总抓手、总牵引，聚力打造我国世界重要人才中心和创新高地，在我国人才强国战略中发挥"头雁效应"，带动其他中心城市加快形成人才资源竞争优势。一是充分发挥开放引才的综合优势，大力吸收海外高层次人才，我国高等教育国际化程度比较高，上海具有较强的国际留学生吸引力，为引进高素质国际人才奠定了重要基础，如上海交通大学凭借其所处城市作为国际大都市的地理优势及其实力雄厚的学科平台和紧密的国际合作网络优势，吸引了数量较多的外籍人才，这为上海建设世界重要人才中心奠定了坚实基础。二是率先开展人才发展体制机制综合改革试点。创新人才引进制度，充分授权用人主体，加快建立以信任为基础的科研管理方式和人才使用机制。三是加快建设战略人才力量。面向战略科学家、科技领军人才队伍和青年科技人才队伍等群体实施专项行动。四是着力厚植人才培养根基。②

党的十八大以来，全国各省、自治区、直辖市深入学习贯彻习近平总书记关于做好新时代人才工作的重要思想和重要指示批示精神，着力打造国家重要人才中心和创新高地，为全面建成社会主义现代化强国提供坚强人才支撑。2022年2月，湖南省委人才工作会议向全省发出坚定不移实施新时代人才强省战略的动员令，鲜明提出打造"一中心一高地五区"的目标和路径，即打造国家重要人才中心和创新高地，打造一流创新人才汇集区、产才融合发展样板区、人才综合政策改革先行区、人才自主培养引领区、人才生态最优区。湖南省委常委、长沙市委书记率团与北京大学、清华大学签署全面合作协议，湖南社会主义现代化建设事业汇聚了越来越多的英才。目前，全省人才总量超过780万人，拥有在湘两院院士93人，其中近10年入选院士21

---

① 参见《北京加快建设高水平人才高地》，《人民日报》2021年10月3日。
② 参见中共上海市委：《加快建设高水平人才高地》，《求是》2021年第24期。

人，入选国家和省级重大人才计划专家分别逾3000人和4000人，均居中部地区前列。①深圳将充分发挥"试验田"作用，进一步向用人主体授权、为广大人才松绑、完善人才评价体系，勇当人才发展体制机制改革的"冲锋舟"；聚焦科技创新"主战场"，充分发挥"基础研究+技术攻关+成果产业化+科技金融+人才支撑"全过程创新生态链作用，下大气力全方位培养、引进、用好人才，打造创新力量集聚的"梦之队"；构建全方位、全周期人才服务体系，努力为人才办实事、做好事、解难事，营造人才发展"好环境"，让各类人才各得其所、大展其长、实现抱负。②

重庆为打造西部人才中心和创新高地聚智聚势。重庆全面实施科技创新和人才强市战略，加快建设西部人才中心和创新高地。截至2023年12月，重庆人才资源总量已突破630万人；建成全国重点实验室10个，国家级科创平台达到105个；高新技术企业、科技型企业分别突破7500家、5.6万家。重庆下一步将全方位提升整体智治力、人才汇聚力、战略支撑力、政策竞争力、生态涵养力，为各类人才搭建平台、创造机会。③辽宁突出重点人才项目，采取务实管用的措施，充分利用体制机制和良好环境，努力建设各类人才干事创业的人才高地，充分发挥政策的重要作用，最大限度激发各类人才的创新创造活力，实施"兴辽英才计划"，加强平台建设，坚持创新生态、创新平台、创新人才"三位一体"推动，切实将人才工作紧紧嵌入全省经济社会发展大局，营造"近悦远来"的人才发展生态。

---

① 参见《着力打造国家重要人才中心和创新高地——党的十八大以来湖南人才工作综述》，《湖南日报》2022年9月30日。
② 参见《在粤港澳大湾区高水平人才高地建设中发挥核心引擎作用 为我国建设世界重要人才中心和创新高地贡献力量》，《深圳特区报》2021年11月1日。
③ 参见陈晓伟：《为打造西部人才中心和创新高地聚智聚势——重庆国际人才交流大会成果丰硕》，《中国人才》2024年第1期。

（二）建强高水平研究型大学

高水平研究型大学要把发展科技第一生产力、培养人才第一资源、增强创新第一动力更好地结合起来，发挥基础研究深厚、学科交叉融合的优势，成为基础研究的主力军和重大科技突破的生力军。研究型大学是我国科技发展的主要基础所在，也是科技创新人才的摇篮，要优化研究型大学科研布局。加强学科建设重点开展自由探索的基础研究，加强与科研院所合作，使目标导向和自由探索相互衔接、优势互补，形成教研相长、协同育人新模式，打牢我国科技创新的科学和人才基础。高校特别是"双一流"大学要发挥培养基础研究人才主力军作用，全方位谋划基础学科人才培养，突破常规，创新模式，更加重视科学精神、创新能力、批判性思维的培养教育。要建设一批基础学科培养基地，吸引最优秀的学生立志投身基础研究，加大重大原始创新人才培养力度。要建立交叉学科发展引导机制，培养高水平复合型人才。要持续实施基础研究人才专项，长期稳定支持一批在自然科学领域取得突出成绩且具有明显创新潜力的青年人才。要培养造就大批哲学家、社会科学家、文学艺术家等各方面人才。

从供给能力来看，高校在人才自主培养和科学研究中扮演着十分重要的角色。要走好人才自主培养之路，高校特别是"双一流"大学要发挥培养基础研究人才主力军作用，全方位谋划基础学科人才培养，建设一批基础学科培养基地，培养高水平复合型人才。高校要加强有组织的人才培养，尽最大可能释放科研后备人才的创新活力，为开展有组织的科研提供人才和智力支持。建设世界重要人才中心和创新高地需要政企产学研多方协同，以大学为交汇点，进一步激发大学作为创新主体的动力，将大学融入科技创新产业链条和区域创新生态系统，促进跨组织边界的知识流动和价值共创共享。"可以在现有的基础学科拔尖学生培养试验计划、卓越工程师教育培养计划等政策的基础上，瞄准国家急需的'高精尖缺'领域，依托世界一流大学探索新的有组织人才培养计划。从能力重塑与流程再造的视角探索并优化书院制、导师制、学分制、项目制等新机制，通过实施小班化、个性化、智能化、国际化、本—硕—博贯通化等新模式，畅通学生发展路径，将学生的创新能力培养与国家重大战略需求和产业转型升级需要相结合。"①

强调人才自主培养，绝不意味着自我隔绝。要结合新形势加强人才国际交流，坚持全球视野、世界一流水平，千方百计引进那些能为我所用的顶尖人才，使更多全球智慧资源、创新要素为我所用。高水平研究型大学要具有更为开阔的眼界和更加开放的姿态。在一些研究活动中，注重吸引世界顶尖科学家和一流科研机构的参与，在确保人才培养自主权和知识产权的前提下，避免对西方科学家的过度排斥和只对国内研究团队开放，这种模式对建设高水平研究大学是不利的。必须以更加开放的心胸拥抱来自世界各地的优秀人才，营造不同文化良好融合的科研环境，促进不同文化间的交流碰撞与良性互动，注重发掘每种文化中的优秀文化基因和创新潜质，为培养高素质、善创造的创新型人才提供优越的成长沃土。在英美等国家移民政策收紧的情况下，应该更好地抓住机会，着力去除全球优秀人才引进与培养的障碍，释放更加灵活的优秀人才政策，最大限度引进更多的全球顶尖人才。注重吸引外国留学生在华发展，搭建优秀留学人员施展才华的平台，持续优化国内重要研究型大学人才队伍结构。来华留学生是我国重要的海外人才资源，对推动我国高等教育国际化和建设高水平研究型大学具有重要意义。相关资料显示，我国已成为全球第三大留学目的国，即便在新冠疫情之下，北京和上海的高校仍然保持较强的国际留学生吸引力，有助于引进国际高水平人才。留学归国人员对建设高水平大学同样具有极为重要的意义。"截至2021年底，我国各类出国留

---

① 王思懿：《中国如何建设世界重要人才中心和创新高地》，《重庆高教研究》2024年第2期。

学人员数量已达800万左右，学成归国的留学人员数量已达550万。"①

（三）以建设国际一流科研机构和国家实验室为重要科创载体

科研院所是我国科技发展的主要基础，科研院所要根据世界科技发展态势，优化自身科技布局，厚实学科基础，培育新兴交叉学科生长点。着眼于高水平人才的培养、引进与使用，布局建设一批支撑国家战略需求和服务产业发展的科研机构。目前，中国正在建设一批高水平研究型大学，高等院校发展是重点，高等院校集聚了一批优秀人才，利用高等院校丰富的科研资源等，可以为广大科研人员提供与各领域专业人才合作的机会。要想建设国际一流科研机构，必须建立开放的合作机制，促进科研机构与高校、企业之间的合作和交流，优化创新生态系统。以量子科技人才为例，要加快培养一批量子科技领域的高精尖人才，建立适应量子科技发展的专门培养计划，打造体系化、高层次量子科技人才培养平台。充分发挥国家实验室、国家研究中心、重大项目在育才方面的牵引作用，造就一批能够把握世界科技大势、善于统筹协调的世界级科学家和领军人才，发现一批创新思维活跃、敢闯"无人区"的青年才俊和顶尖人才。

建设一批国家实验室和新型研发机构，发起国际大科学计划，为人才提供国际一流的创新平台，使其形成战略支点和雁阵格局。集中力量办好一批国际一流的国家实验室、科研院所、新型研发机构等，布局建设一批大科学装置，建设一批产才融合的孵化器、产业园。依托我国发起国际大科学计划，发起成立国际科技、企业、人才组织等，面向全球吸纳高层次会员。提高创新能力，必须夯实自主创新的物质技术基础，加快建设以国家实验室为引领的创新基础平台。国家实验

---

① 王思懿：《中国如何建设世界重要人才中心和创新高地》，《重庆高教研究》2024年第2期。

室已成为主要发达国家抢占科技创新制高点的重要载体。当前，我国科技创新已步入以跟踪为主转向跟踪和并跑、领跑并存的新阶段，急需以国家目标和战略需求为导向，瞄准国际科技前沿，布局一批体量大、学科交叉融合、综合集成的国家实验室，优化配置人财物资源，形成协同创新格局。"国家实验室以重大科研任务为牵引，有效吸引国内外生命科学、能源科学、网络安全、光子微纳电子、脑科学与生物医药、人工智能、网络与通信、呼吸系统疾病防控、量子科学等领域一流人才。"[①]

各地区要立足自身优势，结合产业发展需求，科学合理布局科技创新。要支持有条件的地方建设综合性国家科学中心或区域科技创新中心，使之成为世界科学前沿领域和新兴产业技术创新、全球科技创新要素的汇聚地。目前，我国已在北京、上海和粤港澳大湾区推进建设3个世界级科技创新中心，在北京怀柔、上海张江、安徽合肥建设3个综合性国家科学中心。发挥科技创新中心和科学中心的源头创新高地作用和引领性作用，推进国家实验室体系建设，加快建立世界一流的重大科技基础设施集群。武汉正在建设具有全国影响力的科技创新中心，全方位打造人才活力之城。

三、建设世界重要人才中心和创新高地的保障机制

党的十八大以来，习近平总书记高度重视人才工作，多次强调尊重劳动、尊重知识、尊重人才、尊重创造，各级党委和政府要从心底里尊重知识、尊重人才，为人才发挥聪明才智创造良好条件，营造宽松环境，提供广阔平台。在2021年9月的中央人才工作会议上，习近平总书记用"八个坚持"系统概括新时代人才工作的新理念新规

[①] 吴江主编：《人才强国》，人民日报出版社2023年版，第92—93页。

律新举措：坚持党对人才工作的全面领导；坚持人才引领发展的战略地位；坚持面向世界科技前沿、面向经济主战场、面向国家重大需求、面向人民生命健康；坚持全方位培养用好人才；坚持深化人才发展体制机制改革；坚持聚天下英才而用之；坚持营造识才爱才敬才用才的环境；坚持弘扬科学家精神。"'八个坚持'的总结和提出完成了一个从人才工作伟大实践到人才强国战略理论升华循环，拓展了具有中国特色的人才发展基本理论。"[1] 要着力破除体制机制障碍，向用人主体放权，为人才松绑，让人才创新创造活力充分迸发，使各方面人才各得其所、尽展其长。

（一）完善人才管理制度

要积极为人才松绑，完善人才管理制度，做到人才为本、信任人才、尊重人才、善待人才、包容人才。要赋予科学家更大技术路线决定权、更大经费支配权、更大资源调度权，同时要建立健全责任制和军令状制度，确保科研项目取得成效。要深化科研经费管理改革，优化整合人才计划，让人才静心做学问、搞研究，多出成果、出好成果。

科技管理改革不能只做"加法"，要善于做"减法"。要拿出更大的勇气推动科技管理职能转变，按照抓战略、抓改革、抓规划、抓服务的定位，转变作风，提升能力，减少分钱、分物、定项目等直接干预，强化规划政策引导，给予科研单位更多自主权，赋予科学家更大技术路线决定权和经费使用权，让科研单位和科研人员从繁琐、不必要的体制机制束缚中解放出来！改革重大科技项目立项和组织管理方式，实行"揭榜挂帅""赛马"等制度。要研究真问题，形成真榜、实榜。要真研究问题，让那些想干事、能干事、干成事的科技领军人才挂帅出征，推行技术总师负责制、经费包干制、信用承诺制，做到不

---

[1] 孙锐：《建设新时代人才强国：面向高质量发展的人才工作研究》，人民出版社2023年版，第163页。

论资历、不设门槛，让有真才实学的科技人员英雄有用武之地！"建设世界重要人才中心和创新高地，必须以对人才的真诚尊重、真正理解和真心爱护为前提，不能只看眼前，不顾长远；只见物质，不见精神；只管使用，不顾培育；只见效益，不见活力。"①

要建立以信任为基础的人才使用机制，允许失败、宽容失败，鼓励科技领军人才挂帅出征。要为各类人才搭建干事创业的平台，构建充分体现知识、技术等创新要素价值的收益分配机制，让事业激励人才，让人才成就事业。

（二）保障科研人员的时间投入

科技创新离不开科技人员持久的时间投入。为了保证科研人员的时间，1961年中央就曾提出"保证科技人员每周有5天时间搞科研工作"。保障时间就是保护创新能力！要建立让科研人员把主要精力放在科研上的保障机制，让科技人员把主要精力投入科技创新和研发活动。各类应景性、应酬性活动少一点科技人员参加，不会带来什么损失！决不能让科技人员把大量时间花在一些无谓的迎来送往活动上，花在不必要的评审评价活动上，花在形式主义、官僚主义的种种活动上！做基础研究的科研人员需要大量的时间和精力投入，并且研究具有较大的不确定性。时间的投入和专注研究程度，对预期研究目标的实现具有较大的影响。

（三）深化人才评价机制改革

要完善人才评价体系，加快建立以创新价值、能力、贡献为导向的人才评价体系，形成并实施有利于科技人才潜心研究和创新的评价体系。"深化人才评价机制改革，进一步破除在职称评审、奖励评价、

---

① 马抗美：《以科学思维方式建设世界重要人才中心和创新高地》，《人民论坛》2024年第5期。

岗位晋级、人才计划评价、项目评审中的官僚决定制、'老人评新人'、伪同行评议、关系评议等问题，建立'高精尖'人才自由涌现配套机制。"[1]

在人才评价上，要"破四唯"和"立新标"并举，加快建立以创新价值、能力、贡献为导向的科技人才评价体系。要支持科研事业单位探索试行更灵活的薪酬制度，稳定并强化从事基础性、前沿性、公益性研究的科研人员队伍，为其安心科研提供保障。建立以科研人员的科研能力、工作业绩等为重要参考的评价指标体系，注重支持连续做出高质量科研实绩的人才，使他们能够作出更多、更大的科研贡献，助推产生国内以及国际一流的创新成果。建立公正、公平、公开的科研项目评审资助制度，保证科研资源流向善于创新和优异科研能力的人才。

---

[1] 孙锐：《新时代人才强国战略的内在逻辑、核心构架与战略举措》，《学术前沿》2021年第24期。

第六章

建设国家战略人才力量

人类历史上，科技和人才总是向发展势头好、文明程度高、创新最活跃的地方集聚。16世纪以来，全球先后形成5个科学和人才中心。一是16世纪的意大利，文艺复兴运动促进了科学发展，产生了哥白尼、伽利略、达·芬奇、维萨里等一大批科学家，诞生了《天体运行论》、《人体结构》、天文望远镜等一大批科学名著和科学发明。二是17世纪的英国，培根经验主义理论和"知识就是力量"的理念加速了科学进步，产生了牛顿、波义耳等科学大师，开辟了力学、化学等多个学科，成为推动第一次工业革命的先导。三是18世纪的法国，启蒙运动营造了向往科学的社会氛围，产生了拉格朗日、拉普拉斯、拉瓦锡、安培等为代表的一大批卓越科学家，在分析力学、热力学、化学等学科领域作出重大建树。四是19世纪的德国，产生了爱因斯坦、普朗克、欧姆、高斯、黎曼、李比希、霍夫曼等一大批科学家，创立了相对论、量子力学、有机化学、细胞学说等重大科学理论。五是20世纪的美国，集聚了费米、冯·诺依曼等一大批顶尖科学家，产生了贝尔、爱迪生、肖克利等一大批顶尖发明家，美国获得了近70%的诺贝尔奖，产出占同期世界总数60%以上的科学成果，集聚了全球近50%的高被引科学家。

世界科技发展史证明，谁拥有了一流创新人才、拥有了一流科学家，谁就能在科技创新中占据优势。党的十八大以来，以习近平同志为核心的党中央坚持创新驱动实质是人才驱动，不断改善人才发展环境、激发人才创造活力，大力培养造就一大批具有全球视野和国际水平的战略科技人才、科技领军人才、青年科技人才和高水平创新团队。无论是在量子信息、干细胞、脑科学等前沿方向上取得一批重大原创成果，还是在深海、深空、深地、深蓝等领域积极抢占科技制高点，我国科技实力正在从量的积累迈向质的飞跃、从点的突破迈向系统能力提升，科技创新取得新的历史性成就，这些成就离不开党和国家一直以来对国家战略人才力量的建设。

2021年9月，习近平总书记在中央人才工作会议上明确指出："战略人才站在国际科技前沿、引领科技自主创新、承担国家战略科技任务，是支撑我国高水平科技自立自强的重要力量，要把建设战略人才力量作为重中之重来抓。"[1] 党的二十大报告再次对加快建设国家战略人才力量作出重要部署，提出"努力培养造就更多大师、战略科学家、一流科技领军人才和创新团队、青年科技人才、卓越工程师、大国工匠、高技能人才"[2] 的目标要求。建设国家战略人才力量，是支撑现代化建设的决定因素和首要任务，需要我们从理论和实践上准确把握其内涵、目标要求与建设国家战略人才的基本原则。

一、国家战略人才力量的内涵和作用

习近平总书记在中央人才工作会议上强调："大力培养使用战略科学家""打造大批一流科技领军人才和创新团队""造就规模宏大的青年科技人才队伍""培养大批卓越工程师"[3]；党的二十大报告也对加快建设国家战略人才力量作出重要部署；等等。随着全国上下对国家战略人才作用的认识不断深化，国家战略人才力量的内涵愈加丰富，与中国式现代化建设实践的关系更加紧密。

（一）国家战略人才力量的内涵

国家战略人才力量，是中央继国家战略科技力量提出之后，首次

---

[1] 习近平：《深入实施新时代人才强国战略　加快建设世界重要人才中心和创新高地》，《求是》2021年第24期。
[2] 《习近平著作选读》第1卷，人民出版社2023年版，第30页。
[3] 习近平：《深入实施新时代人才强国战略　加快建设世界重要人才中心和创新高地》，《求是》2021年第24期。

明确对国家科技创新人才队伍的战略新定位，具有特定的政策含义。提出这一新的定位意义在于，打破原有的以行业和职业静态划分人才队伍类别的传统做法，明确要以国家战略需求为导向的人才分类新理念。其目的就是通过强化科技创新人才在实现高水平科技自立自强中的引领驱动作用，重塑国家战略科技力量的新格局，形成诸多领域人才国际竞争的比较优势，建设世界主要科学中心、重要人才中心和创新高地，为中国式现代化建设提供战略支撑。

国家战略人才力量特指服务于国家战略需要的各层次科技创新人才，也是国家战略科技力量的主体。他们由国家统一规划和政策支持，主要从事国际科技前沿基础研究、原创性引领性科技攻关、关键核心技术自主创新、承担具有战略性全局性前瞻性的国家重大科技项目，是国家科研机构、高等院校、战略性新兴产业、科技领军企业形成协同优势与系统集成的关键力量。其外延就是党的二十大报告提出的大师、战略科学家、一流科技领军人才和创新团队、青年科技人才、卓越工程师、大国工匠、高技能人才等七类人才。这里既包括现有科技创新人才的存量，也包括自主培养的潜在各类人才增量，还要着眼于全球高端战略人才和创新资源的流量集聚。

（二）国家战略人才力量的作用

习近平总书记指出："战略人才站在国际科技前沿、引领科技自主创新、承担国家战略科技任务，是支撑我国高水平科技自立自强的重要力量，要把建设战略人才力量作为重中之重来抓。"[1] 习近平总书记的重要论述，阐明了战略人才的重要作用，主要体现在五个方面：

第一，国际科技前沿的引领者。战略人才在国际科技前沿的引领作用至关重要，他们不仅是科技知识的探索者，更是创新思想的传播

---

[1] 习近平：《深入实施新时代人才强国战略　加快建设世界重要人才中心和创新高地》，《求是》2021年第24期。

者，通过深入研究和国际合作，这些人才能够掌握最新的科技动态，引领科技发展趋势；他们的视野超越了国界，将全球的创新资源和智慧汇聚于我国，为我国科技发展注入源源不断的活力；他们的存在，使我国能够在全球化的科技竞争中占据有利地位，推动我国科技事业不断向前发展。

第二，自主创新的推动者。自主创新是国家科技进步的灵魂，而战略人才则是这一灵魂的推动者，他们具备深厚的专业知识和创新能力，致力于解决关键技术问题，推动科技领域的突破。他们的工作不仅限于实验室，更延伸到产业界，将科研成果转化为实际应用，加速科技成果的产业化进程，战略人才的自主创新活动，为我国科技进步提供了强大的内在动力，确保了我国在全球科技竞争中的主动权和话语权。

第三，国家战略科技任务的承担者。战略人才是国家战略科技任务的重要承担者，他们在国家重大科技项目和任务中发挥着核心作用，是实现国家战略目标的关键力量，无论是在国防科技、航天探索还是新能源开发等领域，战略人才都以其卓越的专业能力和责任感，确保了国家科技任务的顺利完成。他们的工作不仅对国家的科技进步具有重大意义，也对维护国家安全和推动经济社会发展具有深远影响。

第四，高水平科技自立自强的支撑者。战略人才是支撑我国高水平科技自立自强的重要力量，他们通过不断的技术创新和知识更新，确保了我国科技水平的持续提升。他们的工作不仅体现在科技研发上，更体现在对科技发展趋势的洞察和对未来科技方向的把握上，战略人才的存在，使我国能够在科技领域保持领先地位，增强了我国在全球科技竞争中的话语权和影响力。

第五，科技与社会发展的桥梁。战略人才是科技与社会发展之间的重要桥梁，他们不仅在科技领域发挥作用，更将科技成果转化为社会发展的动力，他们通过科技与经济、社会、文化等其他领域的深度融合，推动了社会的全面进步和可持续发展。战略人才的这一作用，不仅体现在科技创新上，更体现在对社会发展的深刻理解和积极参与上。他们的工作，为我国经济社会发展提供了强大的科技支撑，确保了我国在全球化进程中的竞争力和影响力。

国家战略人才与中国式现代化的关系是密不可分的。中国式现代化是一条具有中国特色的发展道路，它强调在坚持社会主义基本制度的前提下，实现经济、政治、文化、社会和生态文明的全面进步。在这个过程中，国家战略人才发挥着至关重要的作用。首先，国家战略人才是推动经济现代化的关键力量。他们通过科技创新，为经济发展提供新的动力和增长点，在全球化和技术革命的背景下，战略人才能够引领新技术、新产业的发展，推动传统产业的升级改造，促进经济结构的优化和经济质量的提升。其次，国家战略人才在政治现代化中扮演着重要角色。他们不仅在科技领域有所作为，还积极参与国家治理体系和治理能力现代化的进程，通过提供科学决策支持、参与政策制定和执行，战略人才有助于提高国家治理的效率和水平，推动法治建设和社会公平正义。再次，国家战略人才是文化现代化的重要推动者。他们通过科技创新和文化交流，促进文化多样性和文化创新，在全球化背景下，战略人才有助于传播中国文化，增强国家文化软实力，提升国家文化影响力。最后，国家战略人才在生态文明建设中具有不可替代的作用。他们通过科技创新，推动绿色发展，实现人与自然和谐共生，在应对气候变化、保护生态环境等方面，战略人才能够提供科学解决方案，为建设美丽中国贡献智慧和力量。总之，国家战略人才与中国式现代化的关系是相辅相成的。他们是实现中国式现代化目标的重要支撑，是推动中国社会全面进步的关键力量，通过培养和使用好国家战略人才，我们能够更好地实现经济繁荣、政治稳定、文化繁荣、社会和谐、生态良好，为实现中华民族伟大复兴的中国梦提供坚实的人才保障和智力支持。

二、建设国家战略人才力量的目标要求

在新的时代背景下,为了把我国建设成为新的人才中心,必须坚持两点论和重点论的统一,在强调各类人才群英荟萃的同时,也要重点培养战略人才,培养站在国际科技前沿、引领科技自主创新、承担国家战略科技任务的重要人才,从而支撑我国高水平科技自立自强。

战略人才包括"统军持势"的将才,即战略科学家,包括大批一流科技领军人才和创新团队,包括规模宏大的青年科技人才队伍,也包括大批卓越工程师。从这些人才构成中不难看出,要解决我国现在在关键技术上被"卡脖子"的问题,必须注重科学研究的复杂性、系统性、协同性,从科技创新主战场中、科技创新主力军中培养视野开阔,前瞻性判断力、跨学科理解能力、大兵团作战组织领导能力强的科学家,并坚持长远眼光,有意识地发现和培养更多具有战略科学家潜质的高层次复合型人才,形成战略科学家成长梯队,实现产学研深度融合,解决工程技术人才培养与生产实践脱节的突出问题。

(一)大力培养使用战略科学家

习近平总书记在中央人才工作会议上发表的重要讲话中指出:"战略科学家是科学帅才,是国家战略人才力量中的'关键少数'。"[①] 当今世界已进入大科学时代,科学研究的复杂性、系统性、协同性显著增强,战略科学家的重要性日益凸显。我国需要的战略科学家,既包括谋划科技长远和全面发展的战略科学家,也包括在某个专业领域起引领作用的领军科学家,主持大科技工程的技术总师、工程总指挥等,

---

① 习近平:《深入实施新时代人才强国战略 加快建设世界重要人才中心和创新高地》,《求是》2021年第24期。

他们既精通本专业业务，又有放眼全局和未来的战略思维，并且能带领一个团队攻坚克难。在大力培养使用战略科学家方面，习近平总书记指出："要坚持实践标准，在国家重大科技任务担纲领衔者中发现具有深厚科学素养、长期奋战在科研第一线，视野开阔，前瞻性判断力、跨学科理解能力、大兵团作战组织领导能力强的科学家。"[1] 深入学习贯彻习近平总书记重要论述精神，培养使用战略科学家，要把战略思维作为一项重要指标。具有战略思维，意味着能够对科技发展趋势、国家重大需求、国际竞争形势进行综合研判和战略谋划，既能看得全，又能看得远，还能看得准。

战略思维是战略科学家的核心能力。战略思维对于战略科学家而言，关系能不能提出和解决全局性、根本性、前瞻性的科学问题。战略科学家的战略思维主要包括全局观念和前瞻判断力两个维度。全局观念是指能够突破本专业、本行业局限，从整个国家的利益来考虑科技发展问题。解决一项科学技术或一个产业的难题，需要考虑各种复杂因素，只有站得高才能看到全貌，避免"只见树木，不见森林"。一个产业的落后可能涉及许多其他领域的技术或其他产业的发展水平，没有全局观念就难以找到解决办法。战略科学家就是要攻克事关经济社会发展和国家安全的重大科技难关，以更高的站位、更广的视角提出科学技术未来发展方向、发展思路和发展重点。

超出一般学者的前瞻判断力也是战略科学家需要具备的能力。具有宽广知识面和跨学科理解能力的科学家才会有预见未来的眼光，这种能力主要源于长期在科研第一线工作的知识积累与经验沉淀。在一段时间内，众多科技探索中可能有一门或几门学科分支出现取得重大突破的预兆，学术界称之为"当采学科"。但"当采学科"事先很难准确判断，因为看似容易突破之处常常伴有意想不到的陷阱，甚至不乏

---

[1] 习近平：《深入实施新时代人才强国战略　加快建设世界重要人才中心和创新高地》，《求是》2021年第24期。

可能造成科研资源浪费的"伪当采学科"。在这种时候就需要战略科学家发挥前瞻判断力，推动科学技术按照其发展规律健康发展。

形成战略科学家成长梯队，也需要战略科学家承担好自身职责。青年人才是国家战略人才力量的源头活水，战略科学家要对青年科技骨干给予更多的信任、更好的帮助、更有力的支持，支持青年人才挑大梁、当主角，真正从重大科技工程中发现和提拔战略型科技人才，为形成战略科学家成长梯队造就规模宏大的后备人才。

（二）打造大批一流科技领军人才和创新团队

科技领军人才是国家战略人才力量的中坚骨干，在重大科技任务中发挥着挑大梁、带队伍的重要作用。20世纪五六十年代，钱学森、钱三强、华罗庚、李四光、贝时璋等老一辈科学家，主导制定了新中国第一个中长期科学技术发展规划，在"两弹一星"等国家重大战略工程中发挥了科技领军作用，奠定了我国科技事业发展的坚实基础。今天，我国要加快建设社会主义现代化强国，加快建设世界重要人才中心和创新高地，必须打造大批一流科技领军人才和创新团队。第一，优化科技领军人才发现机制和创新团队遴选机制。充分依托国家实验室、国家科研机构、高水平研究型大学、科技领军企业等平台完善国家战略科技力量的人才储备，打破人才流动的不合理壁垒，搞活用人机制，跨部门、跨行业、跨体制遴选科技领军人才，组建面向重大科研任务的"国家队"。第二，建立面向科技领军人才和创新团队的高质量服务体系，为其量身定制"一人一策"服务方案，确保有限的资源支持更多的科技领军人才和创新团队。第三，完善有利于科技领军人才和创新团队发挥作用的体制机制。赋予科技领军人才更大技术路线决定权、更大经费支配权。第四，优化科技领军人才和创新团队开展创新创造的生态环境。建立稳定支持基础研究的投入机制，大力支持高水平创新团队持续开展原创性、突破性的基础研究。

（三）造就规模宏大的青年科技人才队伍

青年人才充满创新活力和发展潜力，是科技人才队伍中的生力军，代表了科技事业发展的希望和未来。有研究表明，自然科学家发明创造的最佳年龄段是25～45岁，2000年以来诺贝尔奖获得者取得标志性成果的平均年龄约为41岁。在我国"两弹一星"研制过程中，后来成为"两弹一星"元勋的23位科学家当时的平均年龄也不到40岁。近年来，中国科学院承担新一代北斗导航卫星研制任务的团队，平均年龄只有31岁。要把培育国家战略人才力量的政策重心放在青年科技人才上，给予青年科技人才更多的信任、更好的帮助、更有力的支持，为他们成长和发展搭建舞台、拓展空间。培养用好青年科技人才，对建设科技强国和人才强国意义重大。新时代必须充分研究其成长发展规律，全方位、多措并举破解青年科技人才培育和成长中的各项难题。切实尊重、珍惜、支持青年科技人才，更好地吸引、留住、用好青年科技人才，让青年科技人才挑起"科技强国"的大梁，促成科技成果高质量转化，在以中国式现代化全面推进中华民族伟大复兴进程中奉献青春和智慧。

首先，生存和发展环境是留住人才的关键因素。良好的体制机制是青年科技人才施展才华的有力保障，生存和发展环境是留住人才的关键因素。只有真正从长效机制层面保障其利益并在紧抓落实上下功夫，才能真正地让青年科技人才安身、安心、安业。目前，我国一些部门和地方在岗位设置、项目承担等方面仍然对青年科技人才提出了不少硬性要求，符合青年科技人才的评价机制尚不完善，青年科技人才仍面临成长通道窄、生活压力大等现实问题。

其次，优化机制保障要在科技人才的职业成长早期就加大支持力度，尤其要对成长初期的青年科技人才的基本业务费加大支持力度，充分保证青年科技人才在项目负责和人才领衔、经费支持、绩效评估专家组中的合理占比，坚决破除"四唯"，合理设置评价标准，不把论文数量和人才称号作为机构评价指标，不拘一格用人才。只有建立与青年科技人才成长规律相适应的科学评价体系，才能最大限度调动青年科技人才的主动性和创造力。

再次，为青年科技人才"减负"要保障其科研时间。青年科技人才的主责主业是科学研究，要切实破解与科研无关的工作压力，尤其是减少与科研无关的事务性工作，杜绝不必要的应酬活动，原则上不借调一线科研人员从事非科研工作，将保障青年科技人才科研时间纳入单位考核。此外，对于青年科技人才的非科研事务尽可能提高效率，简化办事手续。只有保证在科研创新上的绝对时间投入，真正给青年科技人才"减负"，才能让青年科技人才的创新活力充分涌流。

最后，为青年科技人才"降压"要从现实生活的小事入手。青年时期不仅是科技人才的黄金创造期，也是成家立业的关键期，都会遇到生活住房、子女教育、家人就医等方面的现实问题。这些问题看似小问题，却是能让青年科技人才安心定心放心的关键工程。平时要给予青年科技人才更多的人文关怀，营造良好的人文环境，解决困扰现实生活的小难题，增添更多的"人情味"，打通人才服务的"最后一公里"，才能让他们更具归属感和存在感，从而心无旁骛地开展科研攻关，更好地激发科研创新活力。

（四）培养大批卓越工程师

工程师是推动工程科技造福人类、创造未来的重要力量，是国家战略人才力量的重要组成部分。在"国家工程师奖"首次评选表彰之际，习近平总书记作出重要指示，提出"加快建设规模宏大的卓越工程师队伍"[①]的重要要求，为打造新时代卓越工程师队伍、加强国

---

① 习近平：《深入实施新时代人才强国战略　加快建设世界重要人才中心和创新高地》，《求是》2021年第24期。

家战略人才力量建设指明了前进方向、提供了根本遵循。作为推动工程科技发展创新主体的工程师,是推进新型工业化、推进中国式现代化的基础性、战略性人才支撑。新时代新征程,加快建设国家战略人才力量,要培养造就大批德才兼备的卓越工程师,扩大规模、提升质量,充分发挥卓越工程师在推进强国建设、民族复兴伟业中的重要作用。党的十八大以来,习近平总书记对工程技术事业高度重视,围绕推动工程科技发展作出一系列重要论述,指引广大工程师牢记初心使命、胸怀"国之大者"、坚持"四个面向",为加快实现高水平科技自立自强、建设世界科技强国作出了突出贡献。深入实施卓越工程师教育培养计划、加快推进新工科建设、建设一批卓越工程师学院。近年来,我国工程师数量大幅提升,结构进一步改善,工程技术人才自主培养力度不断加大,但依然存在总量不足、结构不尽合理、顶尖人才缺口大等问题。面对世界新一轮科技革命和产业变革加速演进的新形势,必须把加快建设规模宏大的卓越工程师队伍作为赢得竞争、赢得未来的关键举措。

加快建设规模宏大的卓越工程师队伍,要锚定实现高水平科技自立自强这个目标,加强顶层设计,下好先手棋、打好主动仗。适度超前布局,围绕人工智能、量子信息、集成电路、先进制造、空天科技、工业母机、新材料等前沿专业,吸引更多优秀青年人才投身工程科技创新,抢占未来科技发展和产业变革的战略制高点。注重差异化培养,在学科门类齐全的综合性高校,以培养全才型卓越工程师为重点;在行业型高校,做专做深相关优势学科,培养行业型卓越工程师。贯通创新链条,从基础研究、技术攻关到工程应用、产业化,实现创新链条全贯通,发挥科技领军企业、"专精特新"企业、高校科研院所、金融机构等合力作用,让卓越工程师在创新事业中成才建功。

产教深度融合是世界工业强国培养工程师的共同特征。习近平总书记指出："培养卓越工程师，必须调动好高校和企业两个积极性。"[①]当前，工程技术人才培养与生产实践脱节的问题相对突出。对于高校而言，要积极探索实行与企业联合培养高素质复合型工科人才的有效机制，以产教融合、科教融合促进学科融合，推动个性化、差异化的人才培养，提高创新人才自主培养能力。对于企业而言，要把培养环节前移，同高校一起设计培养目标、制订培养方案、推进培养过程。打造校企协同育人平台，如建立"基地＋企业＋高校"的开放运行机制，形成高校与国家实验室、全国重点实验室、科研机构、科技企业、产业园区的联合培养机制，不断创新"企业出题、校企解题、学生做题"的"项目制实习"模式，并将培养平台建设成集工程实践教学、科研攻关、成果转化、创新创业于一体的产教融合创新平台。此外，要更加重视财政、科技、金融等领域政策创新，为打造协同育人平台提供更加有利的外部条件。

三、建设国家战略人才力量的基本原则

党的十八大以来，党中央深刻回答了为什么建设国家战略人才力量、什么是国家战略人才、怎样建设国家战略人才力量的重大理论和实践问题，为建设国家战略人才力量提供了基本原则。一方面，必须坚持党对人才工作的全面领导。这是做好人才工作的根本保证。千秋基业，人才为本。党管人才就是党要领导实施人才强国战略、推进高水平科技自立自强，加强对人才工作的政治引领，全方位支持人才、帮助人才，千方百计造就人才、成就人才，以识才的慧眼、爱才的诚意、用才的胆识、容才的雅量、聚才的良方，着力把党内和党外、国内和国外各方面优秀人才集聚到党和人民的伟大奋斗中来，努力建设

[①] 习近平：《深入实施新时代人才强国战略　加快建设世界重要人才中心和创新高地》，《求是》2021年第24期。

一支规模宏大、结构合理、素质优良的人才队伍。另一方面，必须坚持深化人才发展体制机制改革。这是做好人才工作的重要保障。必须破除人才培养、使用、评价、服务、支持、激励等方面的体制机制障碍，破除"四唯"现象，向用人主体授权，为人才松绑，把我国制度优势转化为人才优势、科技竞争优势，加快形成有利于人才成长的培养机制、有利于人尽其才的使用机制、有利于人才各展其能的激励机制、有利于人才脱颖而出的竞争机制，把人才从科研管理的各种形式主义、官僚主义的束缚中解放出来。

（一）坚持党对人才工作的全面领导

党管人才原则是我国人才政策的鲜明特征，也是我国人才事业不断发展的有力保证。新时代必须全面深化和整体提升这一基本原则，以不断促进人才的培养和产生。这就要求：一是转变工作理念并完善新时代党管人才原则落实制度建设。党管人才的工作政策和原则必须大力宣传并真正落地生效，使广大党政领导干部充分意识到这一原则的伟大时代意义，要强化人才队伍建设、提升工作效率，建设中国式现代化，巩固党的执政基础，提升党的执政能力必须明确党管人才的原则。明确这一原则首先要改变干部的工作理念，重新回到共产党的初心与使命，正如《共产党宣言》中所写的那样：共产党人不是同其他工人政党相对立的特殊政党。他们没有任何同整个无产阶级的利益不同的利益。共产党人的最近目的是和其他一切无产阶级政党的最近目的一样的：使无产阶级形成为阶级，推翻资产阶级的统治，由无产阶级夺取政权。共产党人为工人阶级的最近的目的和利益而斗争，但是他们在当前的运动中同时代表运动的未来。共产主义并不剥夺任何人占有社会产品的权力，它只剥夺利用这种占有去奴役他人劳动的权力。[1]代替那存在着阶级和阶级对立的资产阶级旧社会的，将是这样一个联合体，在那里，每个人的自由发展是一切人的自由发展的条件。管理干部并没有高高在上的特权，而是整个系统能够协调有序运行的润滑剂，承担的主要职能是服务和统筹，应该以平等的姿态和人才沟通，为人才的成长和作用的发挥做好保障服务工作。在转变工作理念的同时还要在客观上完善制度建设，形成科学规范的党管人才体系。

二是适应时代发展要求适时调整人才界定、制定人才发展规划。人才的内涵和外延随时代的发展不断发生变化。必须遵循定性和定量相结合的原则，科学制定人才界定标准。从现实需求出发，真正选拔出堪当重任的人才；同时要抓住人才的个性化特征，进行分类施策，即使不能做到一人一策，也要遵循人才成长规律，基于各类各层次人才的培养和使用特点制定针对性人才政策，充分打破人才发展桎梏，释放人才活力；要建立人才资源库，对人才规模、分布和结构等摸清底数，做到心中有数。随着现代科学技术的发展，可以合理使用新型技术手段，对人才进行精准分类；做到对当地的发展及人才需求情况有非常清晰的了解。人才政策的制定需要按照本地区的人才需求，盲目制定会增加政策成本，与当地产业发展不匹配的人才引进不仅不能促进地区发展，而且会形成人才资源的浪费。同时，要对本地区人才政策发展的阶段有准确定位，用发展的眼光制定人才政策，从而发挥出人才政策的最大作用。还要关注政策的有效性，提高政策效率。要坚持具体问题具体分析这一马克思主义的活的灵魂，结合各地实情，制定人才政策以吸引并留住人才。

（二）坚持深化人才发展体制机制改革

党的十八大以来，我们在改革人才培养、使用、评价、服务、支

---

[1] 《马克思恩格斯文集》第2卷，人民出版社2009年版，第44页。

持、激励等机制方面下了很大功夫，取得了积极成效。同时，人才发展体制机制改革"破"得不够、"立"得也不够，必须下大力气解决困扰多年、反映强烈的突出问题，从而建立适应时代发展要求的人才发展体制机制，营造知识积聚环境，实现人尽其才，才尽其用。

首先，向用人主体授权。人才怎样用好，用人单位最有发言权。当务之急是要根据需要和实际向用人主体充分授权，真授、授到位。行政部门应该下放的权力都要下放，用人单位可以自己决定的事情都应该由用人单位决定，发挥用人主体在人才培养、引进、使用中的积极作用。用人主体要发挥主观能动性，增强服务意识和保障能力，建立有效的自我约束和外部监督机制，确保下放的权限接得住、用得好。用人单位要切实履行好主体责任，用不好授权、履责不到位的要问责。研判人才发展实际需求，做到精准授权。破除不敢授权、不会授权、不愿授权等一系列思维束缚和机制障碍，让用人单位获得更多话语权和决策权。精准授权需要突出两个重点导向：一是坚持战略需求导向，聚焦我国世界重要人才中心和创新高地建设与北京、上海、粤港澳大湾区高水平人才高地战略布局，紧贴市场主体需求、产业领域需求以及岗位需求，让用人主体成为用才留才的主力军。二是坚持问题导向，着力解决制约用人主体与人才发展的堵点问题，超前谋划，精准定位，分类施策，在向用人单位授权过程中，灵活适应各类用人主体专业化、多元化的用人需求，推动人才制度精准创新、系统创新和协同创新。[1]

其次，积极为人才松绑。长期以来，一些部门和单位习惯把人才管住，许多政策措施还是着眼于管，而在服务、支持、激励等方面措施不多、方法不灵。要遵循人才成长规律和科研规律，进一步破除"官本位"、行政化的传统思维，不能简单套用行政管理的办法对待科研工作，不能像管行政干部那样管科研人才。要完善人才管理制

---

[1] 参见崔真：《向用人主体充分授权　激发人才创新活力》，《中国人才》2021年第12期。

度，做到人才为本、信任人才、尊重人才、善待人才、包容人才。要赋予科学家更大技术路线决定权、更大经费支配权、更大资源调度权，放手让他们把才华和能量充分释放出来。同时，要建立健全责任制和"军令状"制度，确保科研项目取得成效。要深化科研经费管理改革，落实让经费为人的创造性活动服务的理念。要改革科研项目管理，优化整合人才计划，让人才静心做学问、搞研究，多出成果、出好成果。信任人才与责任制以及"军令状"制度紧密结合，信任人才不等同于纵容人才。在充分信任、充分授权的基础上，建立健全责任制和"军令状"制度，制度面前人人平等，严格按照制度评价、监督、修正错误和惩罚违纪，确保科研项目取得成效。责任制以及"军令状"制度是建立在信任基础上的。客观规律决定了科学研究周期长、经费高，因此要包容人才"十年不鸣"，信任他们可以"一鸣惊人"。对无可避免的科研失败，不求全责备。

最后，完善人才评价体系。我国人才发展体制机制的一个突出问题是人才评价体系不合理，"四唯"现象仍然严重，人才"帽子"满天飞，滋长急功近利、浮躁浮夸等不良风气。要加快建立以创新价值、能力、贡献为导向的人才评价体系，基础前沿研究突出原创导向，社会公益性研究突出需求导向，应用技术开发和成果转化评价突出市场导向，形成并实施有利于科技人才潜心研究和创新的评价体系。要继续采取措施为"帽子热"降温，避免简单以学术头衔、人才称号确定薪酬待遇、配置学术资源的倾向。要面向国家战略需求推进院士制度改革，更好发挥广大院士在科研攻关、战略咨询、学科发展和人才培养中的作用。

第七章

深化人才发展体制机制改革

人才强国战略的实施与人才工作的活力取决于人才工作的体制机制。完善人才工作体制机制，对于实施人才强国战略具有根本性、全局性、稳定性和长期性意义。推进人才强国战略必须积极深化人才工作的体制改革，遵循人才资源开发规律，坚持市场配置人才资源的改革取向，加强和改善宏观调控，努力建立充满生机和活力的人才工作体制和机制。要坚决破除不合时宜、束缚人才成长和发挥作用的观念、做法和体制，推动人才工作体制机制的全面创新。

一、人才培养机制改革

推进人才强国战略，首先要牢固树立教育优先的观念，坚持以国家发展需要和社会需求为导向，以提高思想道德素质和创新能力为核心，在完善国民教育体系的基础上，构建终身教育体系，形成人人能够成才、人人得到发展的人才培养开发机制，促进人才全面发展和可持续发展。

（一）确立优先发展教育的理念

人才培养的核心问题是素质的全面提升，而素质提升的最重要的渠道是教育和实践。当今世界，知识成为提高综合国力和国际竞争力的决定性因素，人力资源成为推动经济社会发展的战略性资源，各国纷纷把发展教育作为国家发展的战略举措。面对素质提升的新态势，习近平总书记讲："百年大计，教育为本。教育是人类传承文明和知识、培养年轻一代、创造美好生活的根本途径。……中国将坚定实施科教兴国战略。始终把教育摆在优先发展的战略位置，不断扩大投入，努力发展全民教育、终身教育,建设学习型社会。"[1]百年大计,教育为本。学校教育能够系统地传授道德知识和专业理论,能够训练能力和强健体质,为人才进一步全面发展奠定基础。

能否培养和造就数以亿计的高素质劳动者、数以千万计的专门人才和一大批拔尖创新人才,关系我国社会主义现代化建设的全局,关系党和国家的兴旺发达,关系中华民族的伟大复兴。要办好教育,必须有一支高素质的教师队伍,要把加强教师队伍建设作为教育事业发展最重要的基础工作来抓,提升教师素质,改善教师待遇,紧紧依靠广大教师,支持优秀人才长期从教、终身从教。通过发展教育事业,造就社会主义现代化建设急需的各类人才。必须增强使命感、紧迫感和责任感,以更大的精力、更多的财力推进教育事业持续协调健康发展,从而更好地培养人才。

(二)完善教育培养体系

一是建立健全全民教育体系。统筹人才教育培育与经济社会发展相适应。要以社会需求为导向,优先发展科学教育事业,加大教育培训力度,加强高等教育与经济社会发展的紧密结合,建立教育培养与人才需求结构相适应的有效机制,促进人才总量同国家发展的目标相适应,人才结构同各项事业全面发展的需求相适应,人才培养机制同各类人才成长的特点相适应,人才素质同经济社会协调发展相适应。要统筹城乡教育,进一步加强农村教育。全面普及九年义务教育,积极发展高中阶段教育,全面推进素质教育。

要大力推进教育创新,提高教育质量和管理水平。要着眼国家发展和战略需要,深化高等教育体制改革,调整学科和专业结构,创新人才培养模式,适应走新型工业化道路和优化产业结构的要求,大力

---

[1] 《习近平谈治国理政》,外文出版社2014年版,第191页。

推进职业教育的改革和发展,努力形成多元化教育体系。持续推进世界一流大学和一流学科建设。加强高校领导班子和师资队伍建设,充分发挥高校的人才培养重要基地作用。

要加大教育培训投资。除了加大国家财政投入力度外,还要充分调动社会、个人投入教育培训的主动性和积极性,充分运用财政、金融、信贷等手段提高教育融资能力,采取多种措施调动全社会的资源,促进社会捐助、学费收入、学校创收、个人投资、集资办学、合作办学、融资贷款等形式的投资渠道多元化,突破教育培训投入的制约,为大力发展教育培训奠定物质基础。

二是构建终身教育体系。实现人才教育培养的终身化。终身化指的是教育培训应当贯穿人的一生,应当为人们提供人生各阶段所需要的知识和技能。将人生分为用于受教育的前半生和用于工作的后半生是不科学的,离开学校后的教育同早期教育一样重要。学校教育不应该是个人教育的终点,而应该是新的教育的起点。要鼓励人们通过多种形式和渠道参与终身学习,积极推进学习型组织和学习型社会建设。人才培养应从"一次培养"转变为"终生培养",并不断改革教育培养方式。

实现人才教育培养的网络化。要建立起覆盖全国的各级各类教育培训信息网络,为人才提供各种网上学习和培训机会。终身教育体系的建立需要充分利用现代信息技术,大力推进教育培训手段的信息化、网络化和多媒体化,通过开发网络教育培训资源,构建网络化的终身教育体系。要加强规划和协调,优化整合各种教育培训资源,综合运用社会的学习资源、文化资源和教育资源,完善广覆盖、多层次的教育培训网络,构建中国特色的终身教育体系。

实现人才教育培养的开放化。各种教育培训资源和培训机会要向所有有学习需求的人才开放,打破人才参与学习的各种壁垒和限制,积极推进教育培训资源的社会共享,提高现有教育资源的利用效率。

在开放化的终身教育体系中,学校、单位和社区的教育培训资源要相互开放。学校应更加积极主动地面向社会,同社会建立更加紧密的联系,成为开放化的社区学习中心。要加强各类人才的培训和继续教育工作,推动中国高等教育的国际合作,促进中国教育走向世界。

实现人才教育培养的自主化。当人才的终身学习是以自我学习需求为动力,以提高能力为目标,以自我学习为主导,以连续性和经常性学习为特征时,也就意味着实现了自主化。构建终身教育体系必须适应人才这种自主化、个性化学习特征。要强化用人单位在人才培训中的主体地位,鼓励在职自学,完善带薪学习制度。制定科学规范的质量评估和监督办法,提高教育培训成效。

(三)创新人才培养机制

一是重点培养人的学习能力、实践能力和创新能力。从我国人才队伍的现状来看,存在的突出问题是人才创新精神和创新能力不强。尤其是我国高层次创新型人才匮乏,人才创新创业能力不够强,直接制约了我国经济和科技的国际竞争力。习近平总书记指出:"我们在科技队伍上也面对着严峻挑战,就是创新型科技人才结构性不足矛盾突出,世界级科技大师缺乏,领军人才、尖子人才不足。"[1]人才强国建设,尤其需要加强创新型人才队伍、领军人才队伍建设。

围绕这个问题的解决,必须加强创新能力建设,更新教育培训理念,深化教育改革,全面实施素质教育和能力教育,把教育培训的着眼点放在培养和提高人才的创新意识和创新能力上,改革人才培养模式和教育培训的内容、方法、机制。要改变单纯灌输式的教育方法,探索创新型教育的方式方法,在尊重教师主导作用的同时,更加注重培育学生的主动精神,鼓励学生的创造性思维。改革和完善高校课程

---

[1] 习近平:《在中国科学院第十七次院士大会、中国工程院第十二次院士大会上的讲话》,人民出版社2014年版,第18页。

设置，更新教学内容，重视理论与实践相结合，培养学生创新精神、创新能力。坚持学习与实践相结合、培养与使用相结合，促进人才在实践中不断增长知识，提升能力。

二是注重培养内容和培养对象的多元化。既要重视理论知识、专业知识和信息技能等内容的教育培养，更要注重树立正确的世界观、人生观、价值观，提高实践习近平新时代中国特色社会主义思想、社会主义核心价值观等政治素质和道德品质的教育，加强爱国主义、集体主义教育，培塑拼搏奉献精神、艰苦创业精神、团结协作精神和诚实守信精神，注重德才兼备、全面发展，促进人才整体综合素质的提高。建立多层次人才梯队，优化人才资源结构，形成初、中、高不同层次人才分类开发、逐级提高的"塔式结构"，实现人才队伍的协调发展，有力改善人才结构并形成梯队。

三是突出实施开放式培养模式。开放式培养是加快培养造就国际一流科技尖子人才和科技领军人物的有效途径。党的十八大召开后不久，习近平总书记在深圳考察时指出，我国要"走创新发展之路，首先要重视集聚创新人才。要充分发挥好现有人才作用，同时敞开大门，招四方之才，招国际上的人才，择天下英才而用之。"[①] 这一指示，彰显了当代中国求贤若渴的真情诚意和广纳英才的博大胸怀。要加强同国际科技界多种形式的交流合作，有效利用全球科技资源，积极吸收人类创造的一切文明成果；鼓励国内各单位同海外研究机构建立各类合作机构，支持企业到海外设立研发机构或产业化基地。善于利用国内国外两种人才资源，坚持自主培养开发和引进海外人才并重。要充分考虑海外高层次引进人才在国内工作可能遇到的实际困难，在生活上提供更多便利，在工作上提供更多机会和更大舞台，努力营造鼓励成功、宽容失败的氛围。努力提供海外高层次引进人才的创新创业、发

---

① 《习近平关于科技创新论述摘编》，中央文献出版社2016年版，第107页。

挥作用的政策条件，把他们放到关键岗位，让他们参与专业决策、领衔重大项目，做到人尽其才、才尽其用、用当其时、各展所长。同时，不仅要揽天下英才为我所用，而且要请天下英才为我育才，以才生才，充分发挥海外英才对我国人才建设的积极作用。

二、人才评价机制改革

人才评价机制是建立和完善人才竞争机制、监督机制的基础，建立评价机制是实现人事人才管理科学化、规范化的必然要求。人才评价是对各类人才的水平、能力、个性特征、职业能力倾向、发展潜力和工作业绩等全面情况进行的综合测评。要正确地发现和使用人才，必须科学准确地评价人才、鉴别人才，从而做到知人善任、任人唯贤。建立科学的人才评价机制是加强和改进人才工作的当务之急，是科学选人的基础、科学用人的依据，是激励人的重要手段。

要按照德才兼备、注重实绩、群众公认的要求，坚持定性和定量相结合，确立科学的、客观的人才评价标准。要适应时代发展的需要，树立科学的人才观。要从规范职位分类与职业标准入手，建立以业绩为核心，由品德、知识、能力等要素构成的各类人才评价指标体系。人才评价指标是人才标准的具体内容，是按照现代定性与定量结合的要素分解方法制定的人才评价标准，必须针对不同的行业特点、不同的职位和职业要求，制定出分类分层的人才评价序列。逐步完善各类职业人才评价标准，规范职业人才评价指标体系，形成系统完整的国家人才评价标准框架。

（一）党政人才的群众认可评价机制

坚持群众公认、注重实绩是党政人才工作必须遵循的基本原则。党的十八大以来，习近平总书记多次提出要加强党的执政能力建设，全面治党，从严治党，着力提高党的领导水平和执政水平，并要求各级党委和领导干部要提高科学判断形势的能力、驾驭市场经济的能力、应对复杂局面的能力、依法执政的能力和总揽全局的能力。2014年1月，中共中央组织部颁发了《党政领导干部选拔任用工作条例》，从操作层面解决党政领导干部选拔任用问题。该条例对贯彻落实中央精神，解决干部工作中的突出问题，健全科学的干部选拔任用机制，把理想信念坚定、为民服务、勤政务实、敢于担当、清正廉洁的好干部标准落实到党政人才考核评价工作中，具有重要指导意义。

要进一步完善民主推荐、民主测评、民主评议制度，把群众的意见作为考核评价党政人才的重要尺度。群众公认是群众认识的相对集中统一，是选拔党政干部时对群众倾向意识的认同，从而避免个人或少数人主观议定。把党政干部选准用好，必须落实好群众对党政干部工作的知情权、参与权、选择权和监督权。在党政干部考核评价工作中扩大民主、反映民意，要对民主推荐、民主测评、民主评议的结果进行科学分析，对其结果的真实性、合理性作出评估，做到既充分尊重民意，又不简单地以票取人。

要制定不同层次、不同类型党政人才的岗位职责规范，建立科学的干部政绩考核体系和考核评价标准。要树立正确的政绩观，按照客观规律办事，一切工作要经得起实践、历史和群众的检验。

要完善定期考核和日常考核制度，改进考核方法。考核工作根据考核目的、考核时机和考核对象的不同，进行诸如定期考核、日常考核以及专项考核等划分。要充分利用年度考核、年中考核等定期考核时机，有计划、有重点地对考核对象进行考核，切实掌握干部的真实表现及群众意见。要坚持培训考核，结合效能考核、职称考核和行风评议等方式对干部进行考核，通过不同层面的日常考核，切实掌握干部全面的现实表现。要改进考核方法，扩大考核范围，注重德才兼备，以德为先。

（二）企业经营管理人才的市场评价机制

准确评价企业经营管理人才的管理水平和经营业绩，既是做好经营者选拔任用工作的前提和基础，也是对整个企业运营进行有效管理的重要手段。在市场经济条件下，企业经营管理人才受出资人委托，依法对企业行使经营权，其经营行为最终代表的是出资人的意志和利益，因此其评价必然体现为出资人的认可。要完善以任期目标为依据、工作业绩为核心的国有企业领导人员考核评价办法。围绕任期制和任期目标责任制，突出对经营业绩和综合素质的考核。同时，企业经营管理人才是市场经济的产物，对他们的评价从根本上讲还要强调市场认可。

发展企业经营管理人才评价机构。要注重发挥社会中介组织的作用，将先进的评价手段和科学的评价方法引入企业经营管理人才的评价工作，实现考核评价的社会化和市场化，要通过法律和行政等手段，加强对社会中介机构的监管力度，规范其运作行为，改善其职业道德，提高其技术水平，逐步建立起一套运作规范、手段先进、方法科学的专业社会中介评价体系和机制。

探索社会化的职业经理人资质评价制度。要通过建立和实行职业经理人职业资格制度，用统一、规范的标准来评价职业经理人的任职能力和道德信用。凡是要进入职业经理人队伍的，必须到权威的资质评价部门获取职业资格评价证书；已经进入职业经理人队伍的，也要建立相应的业绩和信用档案，以便由市场决定其是否能够继续从事企业经营管理工作。

开发适用不同类型企业经营管理人才的考核测评技术，不断提高人才评价的科学水平。要针对各类不同类型企业的特点，研究制定适合各类企业特点的经营管理人才测评技术，注重把各类相关学科的科学知识和现代手段运用到企业经营管理人才的考核评价工作中，提高评价的针对性和科学性。

（三）专业技术人才的业内和社会认可评价机制

通过完善评价标准、调整参评条件，创新评价方法，克服重学历、资历，轻能力、业绩的问题，树立正确的人才评价导向，鼓励自主创新，鼓励优秀人才脱颖而出。2016年3月中共中央印发了《关于深化人才发展体制机制改革的意见》，明确提出创新人才评价机制，强调要突出品德、能力和业绩评价。制定分类推进人才评价机制改革的指导意见。坚持德才兼备，注重凭能力、实绩和贡献评价人才，克服唯学历、唯职称、唯论文等倾向。不将论文等作为评价应用型人才的限制性条件。建立符合中小学教师、全科医生等岗位特点的人才评价机制。

要改进人才评价考核方式。发挥政府、市场、专业组织、用人单位等多元评价主体作用，加快建立科学化、社会化、市场化的人才评价制度。基础研究人才以同行学术评价为主，应用研究和技术开发人才突出市场评价，哲学社会科学人才强调社会评价。注重引入国际同行评价。应用型人才评价应根据职业特点突出能力和业绩导向。加强评审专家数据库建设，建立评价责任和信誉制度。适当延长基础研究人才评价考核周期。

要改革职称制度和职业资格制度。深化职称制度改革，提高评审科学化水平。研究制定深化职称制度改革的意见。突出用人主体在职称评审中的主导作用，合理界定和下放职称评审权限，推动高校、科研院所和国有企业自主评审。对职称外语和计算机应用能力考试不作统一要求。探索高层次人才、急需紧缺人才职称直聘办法。畅通非公有制经济组织和社会组织人才申报参加职称评审渠道。清理减少准入类职业资格并严格管理，推进水平类职业资格评价市场化、社会化。放宽急需紧缺人才职业资格准入。

要创新评价手段。按照科学化的要求，创新对人才能力评价的方式方法，着力提高人才评价质量。根据不同类型、不同层级专业技术人员的特点，采用考试、评审、答辩、考评结合、考核认定等不同的评价方式，实现科学考评，确保"评的用得上、用的评得上"。坚持重在业内和社会认可，进一步加强评审、考试的制度建设，充分发挥同行专家在评价中的作用，增强评价结果的公信力。针对不同类型专业技术人员的特点，制定和实施不同的评价办法。例如，对以研究为主的专业技术人员，要以研究成果的水平和创新性为主要依据制定评价办法；对工程技术人员，要以工程项目的水平和创新性为主要依据制定评价办法；对以教书育人为主的中小学教师，以教育教学效果为主要依据制定评价办法。

三、人才选拔任用机制改革

人才的选拔与任用是人才配置的关键环节，是人才培养的终端和核心。只有合理选拔配置才能使人尽其才、用其所长，给予人才足够的发展空间，并推动人才培养机制的进一步完善。因此，要建立民主、公开、竞争、择优为导向，有利于优秀人才脱颖而出、充分施展才能的选拔任用机制。

（一）人才选拔任用的指导原则

选人用人既是一个历史性话题，又是一个非常重要的现实课题。自古以来人们对此颇多感慨：从孔子"选贤与能"、孟子"尊贤使能"的主张，到韩愈"千里马常有，而伯乐不常有"的感叹，再到龚自珍"不拘一格降人才"的呼唤，等等。邓小平多次要求冲破旧的传统观念和管理体制的束缚，不拘一格，使用有真才实学的人才。选贤任能，关键是要建立科学的选人用人机制。

科学的选拔任用机制，要坚持民主、公开、竞争、择优原则。一是公开选拔。打破各种条条框框的限制和论资排辈等习惯束缚，不拘一格选人才。推进和完善公开招考、招聘、竞争上岗等办法，实现"动态用人"，为优秀人才脱颖而出开辟"快车道"。二是平等竞争。建立健全良性循环的人才竞争机制，选拔各类人才一律实行竞争择优，形成竞争有序、人才辈出的发展态势。总之，要建立健全一套有针对性的管理制度和方法，坚持在公平竞争中识别人才、发现人才、培育人才，摒弃论资排辈、攀比学历等做法，为各类人才施展才干提供更多机会。

（二）深化党政领导干部选拔任用制度改革

党政领导干部选拔任用制度改革是创新选拔任用机制的重要内容。要以扩大民主、加强监督为重点，进一步深化党政领导干部选拔任用制度改革，不断提高科学化、民主化、制度化水平。扩大党政领导干部选拔任用工作中的民主，就是要把民主贯穿干部选拔任用工作的全过程，推进决策民主化，保证民主决策、科学决策。

改革选拔任用机制。要注重完善选任制，改进委任制，规范考任制，推行聘任制。健全选人用人的民主决策机制，改革和完善选举制度，扩大差额选举范围，改革候选人提名方式，对部分行政领导职务实行聘任制，要加强管理，规范运作，以求实效。要逐步推行党政领导干部职务任期制、辞职制，建立和完善干部正常退出机制，实行优胜劣汰，形成能者上、庸者下的竞争机制。要进一步推行和完善民主推进、民意测验、民主评议制度。在干部考核中，要普遍运用民意测验、民主评议的方法，并在实践中进一步完善。要探索将民主推荐、民意测验、民主评议的结果适时适度公开的方法，提高选人用人公信度。凡是多数群众不赞成的人选，不能提拔任用。

进一步推行和完善公开选拔党政领导干部制度。在认真总结经验的基础上，积极推行公开选拔、竞争上岗，通过扩大范围，提高比例，规范程序，发挥公开选拔对党政领导干部的正确导向作用。科学设计考试环节，精心组织，严格把关，严肃纪律。要注重实绩考察，要对参选者在单位工作的实绩和工作中的缺点错误作全面准确的考察。要加大选拔任用优秀年轻干部的力度，为他们成长提供"快车道"。通过公开推荐与考试考核相结合的形式，面向社会选拔党政领导干部。

进一步推行和完善党政领导干部任前公示制。进一步规范公示对象、公示范围、公示内容、公示方式、公示时间和公示程序。需要向社会公示的，可以考虑通过报纸、电视、广播等新闻媒体发布公告；在部门（单位）或系统内公示的，可采取发公示通知或会议公布、张榜公告等形式进行。实践证明，党政领导干部任前公示制可以使党委任免干部更好地接受群众监督，提高干部工作的公开性和透明度，防止用人的腐败，使干部工作真正贴近群众，群众有了说话和监督的机会，才能得到社会公众的普遍赞誉。

加强对党政领导干部选拔任用工作的监督。要强化对各级党政领导干部用人权的监督，要严格执行干部选拔任用程序，严明组织人事纪律，坚决防止和纠正用人上的不正之风。重点要强化制度监督。探索建立健全干部选拔任用工作责任追究制，包括推荐责任制、考察责任制、决策责任制、用人失察责任追究制等，促使决策人员谨慎用权、合理用权。同时，制定监督管理的实施细则，增强监督制度的可操作性，减少执行过程中的随意性，确保监督制度覆盖干部培养、选拔、考核、使用等各环节，避免出现监督"空挡""失位"。

（三）改革事业单位人事管理制度

在事业单位健全完善以聘用制度和岗位管理制度为主要内容，以转换用人机制和搞活用人制度为重点，有别于机关和企业，符合事业单位特点的人事管理制度，把各类优秀人才聚集到发展社会事业上来。

第一，合同用人机制。继续加大推行聘用合同的力度，在事业单位全面推行聘用合同制度。按照分级分类管理的原则,研究在不同行业、不同类型事业单位实行聘用合同制度的办法。实行长期聘用与短期聘用相结合,对关键岗位、骨干人员可长期聘用,以保持高层次人才队伍的相对稳定。

第二,公平竞争机制。以岗位管理替代身份管理,为每个人创造平等的竞争机会,是事业单位人事制度改革的方向。由国家确定事业单位通用的岗位类别和等级,根据事业单位的功能、规格、规模以及隶属关系等情况,对岗位实行总量、结构比例和最高等级控制。事业单位作为岗位管理的主体,自主确定本单位各个具体工作岗位,自主聘用人员,坚持按需设岗、竞聘上岗、按岗聘用、合同管理。对外实行公开招聘制度,对内实行竞聘上岗制度。

第三,绩效评价机制。要建立健全以聘用合同和岗位职责为依据的考核制度,把工作能力、业务水平以及服务对象的满意程度作为考核的重要依据,重点考核工作实绩。考核结果作为人员使用、晋升、奖惩、收入分配以及解聘续聘的基本依据。规范事业单位奖惩制度,规范奖惩程序和条件,充分发挥奖惩在人事管理中的激励和惩戒作用。

第四,分配激励机制。事业单位有其自身的特点,分配激励机制在运行机制上要适应事业单位聘用制度的需要;在制度模式上,应突出岗位、绩效的激励功能,工作人员的收入应与其岗位职责、工作业绩和实际贡献相联系,事业单位的总体收入水平应与单位完成公益目标任务及考核情况相联系。应采取灵活多样的分配办法,向高层次人才倾斜,实现一流人才、一流业绩、一流报酬。要适应社会主义市场经济和财政分级管理体制的要求,建立分级管理体制,明确中央、地方和部门的管理权限,发挥地方和部门在调控管理和监督检查等方面的作用,逐步形成高效合理的宏观调控体系。

第五,监督管理机制。要通过规范制度、政策指导和监督检查,健全民主管理制度,充分发挥事业单位职工代表大会和工会的职能作用，发挥社会舆论和人民群众的监督作用，确保人事政策的贯彻落实，提高事业单位人事管理的规范化水平。要加强对事业单位执行人事管理法规的监督管理，建立制度化、经常化的执法检查监督机制，加大对事业单位违规违纪用人的查处力度。

四、人才合理流动机制改革

人才的合理流动，人力资源的优化配置，需要人才市场的有效支撑。为促进人才的合理流动，提高人才资源的市场化配置程度，要形成机制健全、运行规范、服务周到、指导监督有力的人才市场体系，提高人才市场的社会化服务水平，引导人才合理流动，加强人才市场的法治化管理。

（一）健全人才合理流动、有效配置的市场机制

人才合理流动是经济发展的需要，也是人的全面发展的内在要求，是社会进步的表现。人才在流动中成长，人才队伍在流动中增强生机和活力。必须进一步破除人才流动的体制性障碍，建立政府部门宏观调控、市场主体公平竞争、中介组织提供服务、人才自主择业的人才流动配置机制。

推进国有企业人事、劳动和分配三项制度改革，改革国有企业人员管理、评价、激励和福利制度，完善事业单位人员聘用制和国有企业人员合同制，建立国有企业与其他企业相互沟通和交流的有效机制。

畅通党政机关、企事业单位、社会各方面人才流动渠道。研究制定吸引非公有制经济组织和社会组织优秀人才进入党政机关、国有企事业单位的政策措施，注重人选思想品德、职业素养、从业经验和专业技能综合考核。

促进人才向艰苦边远地区和基层一线流动。研究制定鼓励和引导

人才向艰苦边远地区和基层一线流动的意见，提高艰苦边远地区和基层一线人才保障水平，使他们在政治上受重视、社会上受尊重、经济上得实惠。重大人才工程项目适当向艰苦边远地区倾斜。边远贫困和民族地区县以下单位招录人才，可适当放宽条件、降低门槛。鼓励西部地区、东北地区、边远地区、民族地区、革命老区设立人才开发基金。完善东、中部地区对口支持西部地区人才开发机制。

（二）消除人才流动条件限制

人才的可流动性是人才资本、人才资源实现优化配置的基本方式，是人才充分发挥作用的前提条件。近年来，从中央到地方相继出台多项新政畅通人才流动渠道，如"千人计划""外国人永久居留证"等制度，但户籍、地域、身份、学历、人事关系等一些条件限制，仍在客观上制约着人才的横向流动。体制内人才向体制外流动，一些后顾之忧还未得到很好的解决。

这就需要破除人才流动障碍。打破户籍、地域、身份、学历、人事关系等制约，促进人才资源合理流动、有效配置。不断深化户籍管理制度改革，取消户籍对人才使用的各种限制。剥离附加在户口上的各种福利和社会功能，取消户籍管理中存在的对人才使用的种种限制。发展人事代理业务，改革户籍、人事档案管理制度，放宽户籍准入政策，推广以引进人才为主导的工作居住证制度。建立高层次人才、急需紧缺人才优先落户制度。加快人事档案管理服务信息化建设，完善社会保险关系转移接续办法，为人才跨地区、跨行业、跨体制流动提供便利条件。

推动各类人力资源服务机构加快发展。建立公开、平等、规范的人力资源服务行业准入制度，倡导和鼓励社会资本进入人力资源服务领域，加大人力资源服务融资投资规模，实现人力资源服务机构投资主体的多元化。积极鼓励民营人力资源服务机构在更广泛的领域参与人力资源服务业发展，引导人力资源服务机构不断开发适应市场需求的各类服务业务，积极提供个性化和丰富多样的优质服务。引进并健全市场竞争机制，营造公平的人力资源服务市场环境，促进各类人力资源服务机构的有效竞争。积极稳妥地开放国内人力资源服务市场，完善国外资本通过合资等方式投资人力资源服务业的管理办法，学习借鉴国外先进的人力资源服务和人力资源市场配置的经验。

（三）健全人才市场服务体系

推进政府所属人才服务机构管理体制改革。结合地方机构改革，实现人力资源市场管理的统一。设立统一的人力资源市场管理机构，承担本地区的人力资源市场建设的规划制定与实施、行政许可、市场监管等职能。推进公共服务与市场经营性服务的分离。在事业单位总体改革推行过程中，政府所属人才服务机构原则上要实现公共服务与经营性服务分开。加强公共服务制度建设和工作保障。建立公共服务机构设置原则，建立公共服务机构经费保障机制。引导经营性服务健康发展。

完善人才中介服务机构的专业化服务功能。积极培育专业化人才服务机构，既要健全服务功能，为各类人才提供基本的人事服务，又要创新服务内容和方式，认真研究新形势下经济社会发展对人才需求的特点，开拓创新人才中介服务新的领域和手段。建立专业化的服务网络，在进一步办好基础性人才市场的基础上，健全完善现有体系，形成布局合理、覆盖全面、信息畅通、服务功能完善的全国性人才市场网络。

积极推进人才市场服务体系的信息化。加强人才市场网站建设，加快人才市场公共信息网络建设，重视培育和发展网上人才市场，建成广覆盖的人才市场信息站点，积极拓展人才市场网上服务领域。加强完善人才市场供求信息发布制度。加强网上人才市场的监管，制定人才市场信息网络管理的政策法规，加强人才市场信息网络的日常监管工作。

加快人才市场服务体系的国际化。学习借鉴国际惯例，建立符合国际通行做法的人才开发模式，注重培养熟悉掌握这方面的人才，借鉴国外"猎头"的方法，改进我国招聘高级人才的办法。学习借鉴国外人才中介服务的先进管理经验，加强国际交流合作，不断推进国内人才中介服务与国际通用规则和标准相衔接。积极推进人才资质的国际互认工作。

五、人才激励保障机制改革

人才激励是人才资源开发的重要内容。人才的激励不仅要体现在对人才劳动的分配激励与人才奖励上，更要体现在人才自身价值与产权的尊重上。开发利用好人才资源的关键因素之一是要充分调动起各类人才的积极性、主动性、创造性，从而使整个人才队伍充满活力，不断推动社会的发展进步。

美国哈佛大学教授威廉·詹姆士研究发现，在缺乏激励的环境中，人的潜力只能发挥出一小部分（20%～30%），但在良好的激励环境中，人的潜力发挥将增加4倍左右，达到80%～90%。[1] 可以说，良好地激励人才，提高人才资源的使用效率，是评价一个国家人才开发状况的重要指标。

（一）完善各种分配激励机制

分配制度是人才激励机制的基础，健全人才激励机制，必须努力构建一整套科学规范的收入分配制度体系。分配激励机制的总体要求

---

[1] 参见吴江等：《建设世界人才强国》，党建读物出版社2011年版，第345页。

是，适应深化收入分配和干部人事制度改革的需要，逐步建立起一套符合完善社会主义市场经济体制要求、有利于人才成长和人尽其才、科学规范、激励有效的收入分配激励机制。加强对收入分配的宏观管理，整顿和规范分配秩序。坚持平衡比较和动态增长，逐步提高工资收入水平，保证各类人才得到与劳动和贡献相适应的报酬。要完善按劳分配为主体、多种分配方式并存的分配制度，坚持效率优先、兼顾公平，各种生产要素按贡献参与分配，形成合理的工资收入分配关系。

要结合完善公务员制度，逐步建立综合体现工作职责、能力、业绩、年功等因素，职务与职级相结合的公务员工资制度。结合事业单位体制改革和人事制度改革，逐步建立符合各种类型事业单位特点、体现岗位绩效和分级分类管理的事业单位薪酬制度。结合深化国有资产管理体制改革和建立现代企业制度，逐步建立市场机制调节、企业自主分配、职工民主参与、政府监控指导的企业薪酬制度。

（二）建立规范有效的人才奖励制度

人才奖励制度是国家管理制度建设的一项重要内容，也是人才激励机制的重要组成部分。它有利于充分发挥经济利益和社会荣誉价值的双重激励作用，有利于促进经济发展，优化人才成长环境。

坚持精神奖励和物质奖励相结合的原则，建立以政府奖励为导向、用人单位和社会力量奖励为主体的人才奖励体系，充分发挥经济利益和社会荣誉双重激励作用。精神奖励和物质奖励是两种重要的形式，必须兼顾，不可偏废，政府奖励是各级政府及其工作部门对为国家经济建设和社会发展作出突出贡献的个人或集体实施的奖励表彰行为，在整个奖励体系中处于主导地位。用人单位和社会力量奖励应成为我国人才奖励工作的主体，对于用人单位和社会力量奖励，要大力支持、积极引导。同时，要坚持奖励与惩戒相结合，做到奖惩分明，实现有效激励。

建立完善国家功勋奖励制度，对为国家和社会发展作出杰出贡献的各类人才给予崇高荣誉并实行重奖。这对于树立民族楷模，弘扬中华民族崇高精神，激励各级各类人才开拓进取、顽强拼搏，对全面建成社会主义现代化强国具有十分重要的意义。贯彻落实好《国家功勋荣誉表彰条例》，进一步完善人才国家级功勋奖励的原则、主要内容、授奖形式、享受待遇、获奖人员的权利义务，等等。

要重视股权期权激励。股权期权激励作为一种长期激励手段，主要应用于企业的经营者。让有条件的科研人员能够通过股权期权激励合理分享创新财富，让他们的长期经济利益和贡献密切地联系起来，对于调动他们的积极性和创造力将有巨大的推动作用。这种状况在西方发达国家都得到了证实。在我国，一些地方也开始试行并取得了不错的效果。但是，实行股权期权的门槛较高，需要具备比较严格的条件，有的不适宜采用的就避免采用这种激励方式。

（三）加大对知识创新的保护激励

要加强保护知识产权。只有充分保障人才的知识成果产生相应的效益，才能更好地激发人才潜能，促进人才发展。涉及知识产权的案件举证难、周期长、成本高、赔偿低、效果差等问题的存在，使我国一些创新型企业处境艰难，创新人才饱受损失；海外高层次人才发现、引进和使用中的鉴定机制尚待完善；融资难、融资贵让不少缺乏抵押资产的初创期企业遭遇发展瓶颈，亟须知识产权金融服务为创业创新纾解困局。

中共中央印发的《关于深化人才发展体制机制改革的意见》明确，要加强创新成果知识产权保护。完善知识产权保护制度，加快出台职务发明条例。研究制定商业模式、文化创意等创新成果保护办法。建立创新人才维权援助机制。建立人才引进使用中的知识产权鉴定机制，防控知识产权风险。完善知识产权质押融资等金融服务机制，为人才创新创业提供支持。

要支持科研人员离岗创业。完善的激励机制包括对人才创新创业的支持与推动。在具体实践过程中，不少地方出台规定，允许高校、科研院所等事业单位科研人员离岗创业或保留身份领办创办科技型企业，但政策的实施情况并不理想。《关于深化人才发展体制机制改革的意见》明确研究制定高校、科研院所等事业单位科研人员离岗创业的政策措施。高校、科研院所科研人员经所在单位同意，可在科技型企业兼职并按规定获得报酬。允许高校、科研院所设立一定比例的流动岗位，吸引具有创新实践经验的企业家、科技人才兼职。鼓励和引导优秀人才向企业集聚。重视吸收民营企业育才引才用才经验做法。总结推广各类创新创业孵化模式，打造一批低成本、便利化、开放式的众创空间。

要加大对创新人才激励力度。赋予高校、科研院所科技成果使用、处置和收益管理自主权，除事关国防、国家安全、国家利益、重大社会公共利益外，行政主管部门不再审批或备案。允许科技成果通过协议定价、在技术市场挂牌交易、拍卖等方式转让转化。完善科研人员收入分配政策，依法赋予创新领军人才更大人财物支配权、技术路线决定权，实行以增加知识价值为导向的激励机制。完善市场评价要素贡献并按贡献分配的机制。研究制定国有企事业单位人才股权期权激励政策，对不适宜实行股权期权激励的采取其他激励措施。探索高校、科研院所担任领导职务，科技人才获得现金与股权激励管理办法。完善人才奖励制度。

第八章

培养满足时代需求的哲学社会科学人才

习近平总书记在哲学社会科学工作座谈会上的讲话中指出，一个国家要走在世界前列，不仅需要发达的自然科学，也需要繁荣的哲学社会科学。哲学社会科学在我国经济社会发展中扮演了十分重要的角色，哲学社会科学工作者发挥了不可替代的重要作用。在经济发展、政治进步、文化繁荣、加强党建、国家治理等方面，哲学社会科学工作者都以自身的优势与特点参与其中，对党百年来取得的历史性成就，发挥了极其重要的作用。随着经济社会的发展，建设社会主义现代化国家的深入推进，实现民族复兴的宏伟事业，对能够担当重任的大批优秀哲学社会科学人才，提出了紧迫需求和更多期待。

一、新时代哲学社会科学人才的素质构成

我们党在革命、建设、改革、新时代等各个历史时期都非常重视哲学社会科学人才，注重发挥哲学社会科学人才咨政育人的重要作用，这是不同历史时期取得历史性成就的重要原因。毛泽东是伟大的哲学家、思想家、社会科学家，写了很多哲学社会科学方面的著作，堪称优秀哲学社会科学人才的典型代表。他不仅自己特别重视对哲学社会科学的学习与研究，还特别注重与其他一些高水平的哲学社会科学家相互交流。他曾与蔡元培、郭沫若、柳亚子、黄炎培、周世钊、马叙伦、田家英等有过通信，"窑洞对"就是毛泽东和黄炎培在延安窑洞有关历史周期率问题的研讨切磋。邓小平强调"科学当然包括社会科学"[1]。中国社会科学院和全国哲学社会科学规划领导小组的成立，以及设立国家社会科学基金，都表明党对发展哲学社会科学、建强哲学

---

[1]《邓小平文选》第2卷，人民出版社1994年版，第48页。

第八章 培养满足时代需求的哲学社会科学人才

社会科学人才队伍的重视。江泽民关于哲学社会科学与自然科学"四个同等重要"的重要论述，表明了党对哲学社会科学人才队伍的高度重视与工作上的认可。江泽民指出："建设有中国特色社会主义这项前无古人的伟大事业，要求我们必须建设一支强大的哲学社会科学队伍，中央也需要掌握一支从事哲学社会科学研究的专门队伍。"[①] 胡锦涛提出把哲学社会科学研究提高到新水平新境界，党中央颁布《中共中央关于进一步繁荣发展哲学社会科学的意见》，组织实施了马克思主义理论研究和建设工程。2016年，习近平总书记在哲学社会科学工作座谈会上发表重要讲话，对繁荣发展中国特色哲学社会科学和加强哲学社会科学人才队伍建设，作出了极富启发性与指导性的战略擘画。

我们党固然重视哲学社会科学人才工作，注重繁荣发展哲学社会科学，但从整个世界范围来看，我国的哲学社会科学研究水平还有待提升。邓小平在《坚持四项基本原则》中说："我们已经承认自然科学比外国落后了，现在也应该承认社会科学的研究工作（就可比的方面说）比外国落后了。"[②] 他认为当时中国的社会科学研究工作遇到了很大的困难，相关专业工作者必须有坚强的决心，竭尽所能地加速追赶，开展实实在在的研究工作。邓小平所说的社会科学，也就是哲学社会科学，他的这种看法是比较客观的，显示出加强哲学社会科学人才队伍建设、提升哲学社会科学研究水平的紧迫感。就综合国力而言，不仅包括由科学技术支撑的硬实力，也包括由哲学社会科学支撑的软实力。随着现代社会的加速发展，哲学社会科学作为软实力的地位与作用越来越受到重视，哲学社会科学工作者作为一支重要人才力量的定位也得到了国际社会的广泛认可。习近平总书记在哲学社会科学工作座谈会上的重要讲话，也表明了哲学社会科学并非一定"软"的观点。他认为哲学社会科学同样是认识世界、改造世界的有力工具，对历史

---

① 《江泽民文选》第3卷，人民出版社2006年版，第490页。
② 《邓小平文选》第2卷，人民出版社1994年版，第181页。

发展和社会进步发挥了极其重要的作用，是体现综合国力和国际竞争力的重要测算领域。习近平总书记在2021年中央人才工作会议上明确强调："要培养造就大批哲学家、社会科学家、文学艺术家等各方面人才。"[①]哲学社会科学人才已经构成了新时代人才强国战略的一支重要人才队伍，对建成世界重要人才中心和创新高地具有十分重要的支撑作用。新时代需求的哲学社会科学人才，首先要具备与时代同向而行的基本素质。

（一）扎实的马克思主义理论素养

马克思主义理论学科与哲学、政治学、法学、历史学等学科，虽然是并列的关系，但在中国发展哲学社会科学，建设哲学社会科学人才队伍，需要人才具有扎实的马克思主义理论素养。这是因为在我国进行哲学社会科学研究，已经不同于其他国家的哲学社会科学研究，我国以马克思主义作为根本指导思想，马克思主义在意识形态领域处于指导地位，它是全党全国各族人民共同奋斗的方向指引与思想基础。哲学社会科学研究作为艰辛的精神劳作，它的重要产品之一就是能够给人民提供正能量的价值观念。马克思主义传入中国，并在中国广泛传播、与中国实际相结合的过程，彰显了马克思主义价值理念与价值理想的优势与高度，得到了党和人民的理解、接受与信任，成为党和人民一切奋斗的深厚价值底蕴。在中国研究哲学社会科学，马克思主义已经成为思想先导、价值引领的底层逻辑，深刻规定了哲学社会科学的研究与发展。正如习近平总书记所说："我国哲学社会科学坚持以马克思主义为指导，是近代以来我国发展历程赋予的规定性和必然性。在我国，不坚持以马克思主义为指导，哲学社会科学就会失去灵魂、

---

① 习近平：《深入实施新时代人才强国战略　加快建设世界重要人才中心和创新高地》，《求是》2021年第24期。

迷失方向，最终也不能发挥应有作用。"[1]

这就意味着我国哲学社会科学工作者进行研究，必须以马克思主义为鲜明的旗帜。这里所说的旗帜不是装点门面、摆摆样子，而是要真正将马克思主义的精髓要义与价值理念融入自己的哲学社会科学研究当中去。马克思主义理论既与其他哲学社会科学有并列关系，又具有一定的交叉融合关系。这种交叉融合不是表面的，而是要通过哲学社会科学工作者的工作，将自己学习与研究马克思主义的心得融入其他哲学社会科学学科之中，在其他学科中彰显马克思主义的精髓要义与价值理念。之所以能够这样做，原因就在于马克思主义理论本身就涉及哲学、政治经济学、法学、历史学、军事学等很多的哲学社会科学学科。从一定意义上说，马克思主义就是涵盖多门哲学社会科学于其中的理论学说。自从我国实施马克思主义理论研究和建设工程以来，出版了一大批马克思主义理论研究和建设工程重点教材，如马克思主义政治经济学概论、社会学概论、宪法学、文学理论、新闻学概论等。通过该工程的实施，有力提升了哲学社会科学工作者的马克思主义素养，通过他们勤奋而扎实的研究工作，马克思主义的精髓要义与价值观念，已经进入了哲学社会科学学科的重点教材中。但这还是不够的，因为马克思主义理论是博大精深的思想体系，它对于哲学社会科学学科的相关问题的讨论是很深刻的，需要结合时代特征与本学科进展，进一步深入推进马克思主义在哲学社会科学研究中的指导地位。哲学社会科学工作者需要结合马克思主义理论研究的前沿动态，继续提升自己的马克思主义素养，深入推动将马克思主义精髓要义与价值理念融入哲学社会科学研究。

马克思主义不仅一定程度上涉及了一些哲学社会科学的研究领域，并在这些研究领域上具有深入的研究与高明的见解，而且还为从事哲

---

[1] 习近平:《在哲学社会科学工作座谈会上的讲话》，人民出版社2018年版，第9页。

学社会科学研究工作提供了宽广的视野、批判的眼光、科学的思维方法等。马克思主义是一种集大成的学说，它的创立者马克思、恩格斯特别关注人类的生存与发展，尤其是人类社会的发展规律问题，关心人类社会的未来走向，从理论学说、价值理论、科学方法等方面作出了无与伦比的重大贡献。马克思是马克思主义特别重要的创立者与贡献者，他极为广泛地涉猎人类社会各种优秀文明成果，对以往的哲学社会科学成果进行了深入的研究工作。马克思非凡卓越的研究工作，堪称开展哲学社会科学研究的楷模，为哲学社会科学工作者深入开展研究工作提供了可以持久参考的成功范例。马克思主义提供了辩证唯物主义和历史唯物主义的世界观和方法论，对哲学社会科学工作者从事相关学科研究提供了极为重要的世界观和方法论基础，是开展哲学社会科学研究，取得预期成效的重要前提。习近平总书记在哲学社会科学工作座谈会上的重要讲话中指出："哲学社会科学发展状况与其研究者坚持什么样的世界观、方法论紧密相关。人们必须有了正确的世界观、方法论，才能更好观察和解释自然界、人类社会、人类思维各种现象，揭示蕴含在其中的规律。"[1] 这就意味着马克思主义已经不仅仅提供了更好的知识与价值理念，而且马克思主义还是哲学社会科学工作者必须掌握的世界观和方法论。哲学社会科学工作者要想更加深入地研究自然界、人类社会、人类思维各种现象，并且试图揭示这些领域的规律，就必须重视提升马克思主义理论素养。注重把握马克思主义世界观和方法论的真实内涵，并在具体哲学社会科学研究中能够运用马克思主义立场观点方法分析问题与解决问题，这样才能真实提升哲学社会科学研究能力与水平，从而为繁荣发展哲学社会科学作出更多的贡献。

---

[1] 习近平：《在哲学社会科学工作座谈会上的讲话》，人民出版社2016年版，第11页。

（二）坚持以人民为中心的研究导向

哲学社会科学研究不同于自然科学研究，具有鲜明的意识形态属性，直接关系为谁服务的原则方向问题，对人们的情感趋向、价值判断、生活方式等产生重要影响，进而对具体社会中人们的现实生活将产生直接而深刻的作用。为谁著书立说、为谁服务是一个首要的原则性问题，对哲学社会科学研究者来说是至关重要的。习近平总书记指出："坚持以马克思主义为指导，核心要解决好为什么人的问题。为什么人的问题是哲学社会科学研究的根本性、原则性问题。我国哲学社会科学为谁著书、为谁立说，是为少数人服务还是为绝大多数人服务，是必须搞清楚的问题。"[①] 实际上，马克思主义的世界观和方法论，从根本上规定了哲学社会科学的性质和面貌。马克思主义坚持物质第一性，这种唯物主义不是旧唯物主义的"见物不见人"，而是特别强调人的主观能动性和客观物质存在的互动关系，即特别强调人的实践是社会生活的本质。从实践的观点出发，马克思主义认为我们周围的物质世界是人类历史实践活动的产物，它们随着人类实践活动的开展而继续发生变化。实践的主体是广大的人民群众，人民群众是历史的创造者，是推动社会变革和实现社会发展的主体力量。人民群众是历史发展和社会进步的真实力量，但现实的剥削社会则无视或忽视人民群众的作用，反而把人民当作奴役与剥削的对象。马克思对这种社会制度层面的不正义，表达了强烈的不满和激进的批判，强调实现人的解放。

马克思主义占据了真理和道义的制高点，在强烈而深沉的人民性这里得到了真实统一，将实现人民解放和维护人民利益作为根本立场。马克思主义确立了坚实的人民立场，并把这种立场贯穿各种哲学社会科学领域中，把以人民为中心、为人民服务的导向体现得淋漓尽致。

---

① 习近平：《在哲学社会科学工作座谈会上的讲话》，人民出版社2016年版，第12页。

列宁、毛泽东等马克思主义者，高度重视马克思主义的人民立场，注重将其作为哲学社会科学研究的重要指引。哲学社会科学工作者要具备扎实的马克思主义理论素养，同时也要具备扎根人民、为人民著书立说的素质，着力使自己的哲学社会科学研究成果真实服务于人民的需要，帮助人民建设精神家园，陶冶人民的高尚情操，丰富人民的精神生活，为人民更好地从事中国特色社会主义建设提供价值指引、思想先导、方法依据。习近平总书记在文艺工作座谈会上的重要讲话，突出讲的第三个问题就是"坚持以人民为中心的创作导向"，列举了毛泽东、邓小平、江泽民、胡锦涛等中央领导同志，在文艺从本质上说是"人民的文艺"的重要论述。毛泽东在《学习马克思主义的认识论和辩证法》中指出："为了做好我们的工作，各级党委应当大大提倡学习马克思主义的认识论，使之群众化，为广大干部和人民群众所掌握，让哲学从哲学家的课堂上和书本里解放出来，变为群众手里的尖锐武器。"[1] 毛泽东为延安抗日军政大学学员讲授过"辩证法唯物论"，他的研究和教学就是以人民为中心，推动马克思主义理论为更多的人所掌握。江泽民在《必须高度重视哲学社会科学的发展》中强调："我们不仅要大力发展自然科学，而且要大力发展哲学社会科学，并用这些方面的知识来全面提高全体人民的思想道德素质和科学文化素质。"[2] 这就要求哲学社会科学工作者始终坚持以人民为中心的研究导向，心中始终装着人民的忧思、期盼、向往、理想等，使自己的研究工作始终坚持为社会主义服务、为人民服务的方向。

坚持为社会主义服务与坚持为人民服务本质上是一致的，社会主义事业就是广大人民群众追求自身解放、幸福的宏伟事业，从根本上说就是人民自己的事业。坚持以人民为中心的研究导向，就是要把人民放在心中最高的位置，树牢国家至上、民族至上、人民至上的价值

---

[1] 《毛泽东文集》第8卷，人民出版社1999年版，第323页。
[2] 《江泽民文选》第3卷，人民出版社2006年版，第491页。

立场，把为人民服务作为哲学社会科学研究的出发点和落脚点。正如习近平总书记在文艺工作座谈会上的讲话中所说："要始终把人民的冷暖、人民的幸福放在心中，把人民的喜怒哀乐倾注在自己的笔端，讴歌奋斗人生，刻画最美人物，坚定人们对美好生活的憧憬和信心。"[1] 哲学社会科学工作者要想有所作为，必须坚持深入实际、深入群众，把自己的研究工作深深扎根在人民群众的丰富实践中。哲学社会科学研究工作涉及了人类生活的各种领域，不论是哪一种领域，都与广大人民的社会实践、情感体验、精神世界等有很大的关联。哲学社会科学工作者如果不具备或不能树牢人民立场，就难以树立为人民做研究的理想，就难以把自己的研究基点放在广大人民的丰富实践上，也就难以做出符合实际的研究工作，对历史发展和社会进步就难以提供知识变革和思想先导，从而真正说来没有多大的成效与意义。习近平总书记曾要求知识分子要把论文写在祖国的大地上，要为人民著书立说，把自己的学术研究与国家、民族、人民的发展需求紧密联系在一起，使自己的研究成果能够经得起实践、人民、历史的检验。习近平总书记在经济社会领域专家座谈会上的讲话中说："一是从国情出发，从中国实践中来、到中国实践中去，把论文写在祖国大地上，使理论和政策创新符合中国实际、具有中国特色，不断发展中国特色社会主义政治经济学、社会学。"[2] 既要把论文写在祖国的大地上，也要把论文写在广大人民的生动实践中，坚持扎根人民、服务人民的研究导向，应该成为哲学社会科学工作者具备的重要素质之一。

（三）把做人、做事、做学问统一起来的素质

哲学社会科学研究不仅具有鲜明的意识形态属性，而且与研究者的为人准则、做事态度、生命体验、生活感受等，都具有十分密切的

---

[1] 习近平：《在文艺工作座谈会上的讲话》，人民出版社2015年版，第17页。
[2] 习近平：《在经济社会领域专家座谈会上的讲话》，《人民日报》2020年8月25日。

关系。哲学社会科学研究的这些特征，决定了哲学社会科学工作者开展相关研究，需要具备做人、做事、做学问上的较高素质，即要把做人、做事与做学问真正统一起来。学者的为人处世就蕴含着深刻的学术体会与学术追求，学者发表的研究成果即体现了做人、做事等的真实感悟与志向追求。江泽民深刻指出："做人、做事、做学问相统一，是中华民族的优良传统。只有坚持老老实实做人，踏踏实实做事，扎扎实实做学问，才能成为一名对祖国和人民有贡献的学问家。"[①] 习近平总书记在哲学社会科学工作座谈会上的重要讲话中，对哲学社会科学工作者的学风、学术道德作出了明确的要求，这些要求是哲学社会科学工作者必须具备的良好素质。他说："广大哲学社会科学工作者要树立良好学术道德，自觉遵守学术规范，讲究博学、审问、慎思、明辨、笃行，崇尚'士以弘道'的价值追求，真正把做人、做事、做学问统一起来。"[②] 以上重要论述，在对哲学社会科学工作者的要求方面是一致的，都特别强调优良学风和良好学术道德。优良学风和良好学术道德是中国的优良传统，中国历史上著名的哲学社会科学名家大师大都是这方面的典范。从中国哲学社会科学发展的优良传统看，只有老老实实做人，踏踏实实做事，真真切切做学问，从而在具体的研究工作中将三者有机、完美地统一起来，才能做出彪炳史册的哲学社会科学优秀成果，才能在哲学社会科学发展史上留下浓墨重彩的一笔，进而才能为中国哲学社会科学发展，甚至为世界哲学社会科学发展，作出富有启发性、建设性、原创性、系统性的学术贡献。

吉林大学教授孙正聿认为："学者是人格化的学术。学术的繁荣和学科的发展，取决于从事学术研究的学者。"[③] 哲学社会科学的繁荣发

---

① 《江泽民文选》第3卷，人民出版社2006年版，第494页。
② 习近平：《在哲学社会科学工作座谈会上的讲话》，人民出版社2016年版，第29页。
③ 孙正聿：《学术的使命与学者的担当——改革开放40年的中国学术》，《社会科学战线》2018年第11期。

展,哲学社会科学研究所能达到的高度,与从事哲学社会科学研究工作的学者具有十分密切的关系。因为学者是从事哲学社会科学研究的主体,学者自身的主体素质达到了什么程度,对学者自身的研究能力和研究成果层次,都产生了直接的关键性影响。这是哲学社会科学研究相较于自然科学研究而言,具有的鲜明主体性特征。孙正聿认为一流的学术领军人物和一流的学术团队,在提出一流研究纲领、承担一流研究课题、形成一流研究能力、产出一流研究成果上,无疑成为极为重要的关键性因素。学术大家、学术大师的培养与出现的过程,往往是做人、做事与做学问实现良好统一的结果。唐代文学家韩愈曾在《师说》中深刻提出"传道授业解惑",对老师所应具备的素质作了很好的概括,要求老师言传身教,在传授知识的同时培养学生良好的人格。哲学社会科学工作者研究的课题,与人的情感、态度、意志、品格、价值观等有很大的关系。在现实社会中,受教育者不仅注重哲学社会科学工作者的研究成果,更加注重哲学社会科学工作者的职业操守、人格品行、情感态度、价值取向等。从这个意义上说,哲学社会科学工作者的研究成果一旦公开发表,就超出了学者的狭小范围,而进入广大公众的视野之中,并对他们产生了一定的影响,随之会形成相应的理论效应,进而对国家建设、社会发展、民族复兴等产生不容忽视的重要影响。正因为如此,教育部门特别重视学风建设与学术道德。但这里所说的做人、做事与做学问的良好统一,已经超出了一般性的学风建设与学术道德,具有瞄准培养造就哲学社会科学优秀人才的高远目标。

把做人、做事、做学问较好统一起来,在中国学术界成就一番事业的大有人在,他们用自己的实际行动向我们提供了典型的范例,这里仅以我国哲学界著名哲学家高清海作为例证。高清海在50多年的执教生涯中,形成了"为人治学其道一也"的实践感悟,以坚强的性格、追求真理的勇气、乐观向上的人生态度、勤奋踏实的治学态度、作大贡献的崇高追求，成就了当代中国著名的哲学家，培养造就了一批优秀的中青年学者，为繁荣发展我国哲学社会科学作出了重大贡献。据高清海先生的夫人张树义介绍，高清海在学生时代非常勤奋刻苦，通过善于合理安排时间，大大提高了工作效率，工作中更是不知疲倦地加紧工作，工作时间之长也是常人难以达到的，甚至一定程度上影响了他的健康。高清海不仅踏实做学问，而且具有难能可贵的理论勇气，他的很多研究都是前沿性和开创性的工作，观点是十分超前的，有些时候不被理解，引发了争论甚至受到批判。他从不随意发表议论，秉持十分严谨的工作态度，对于自己认准的研究课题，持之以恒地开展深入的探索性研究，体现了追求真理的执着与坚定。高清海为人正直，对待家人、亲戚、学生谦虚和蔼，并给予力所能及的关心与帮助。张树义认为高清海一生的成就与贡献，受到了坚定信念和崇高目标的强有力牵引。她说："在学习过程中，他从不抄袭别人的东西，从来都是自己思考、研究；他从不背条文，而是研究精神实质并变为自己的思想。有人说，他是把理论变成信念和为之奋斗的目标。他曾经多次说过'要为人类作贡献'。他心胸开阔、目标远大，不计较小事、不为琐事费脑筋。对待一些琐碎之事，他不去考虑，也不听不问；但是一旦谈起工作、学习、理论问题，却是耐心地与人交谈，给人以启迪。"[①] 实际上，我国一些优秀的哲学社会科学人才，具备了做人、做事、做学问上的优秀品质，通过他们的理念、行为、文章等得到了真实展现。

（四）执着、耐心、坚韧的学术操守

从事哲学社会科学研究需要较好的意志品质，其中很重要的就是执着、耐心、坚韧。哲学社会科学研究与自然科学研究相比，是比较复杂、艰难的科学研究工作。哲学社会科学研究的对象、主体、理论

[①] 吉林大学哲学基础理论研究中心编：《山高水长——高清海纪念文集》，吉林大学出版社2006年版，第3页。

等本身都是较为特殊的，决定了哲学社会科学研究的复杂艰深。自然科学研究的对象较为客观、稳定，研究所得出的结论、规律、定理等往往具有稳定性、可重复性，这就决定了人与客观对象之间的自然科学研究活动，体现出主体趋向客体，致力于发现客体的内在本质、特点、联系与规律。正因为自然科学研究具有客观性、稳定性等特点，它可以在设定的理想状态下进行研究，进而通过实验室中的仪器设备、辅助材料、运算数据等开展客观性的研究活动，较少受到外界与人的主观因素（除了研究所需要的知识、能力等因素）的干扰。而哲学社会科学研究则明显不同，它是关于自然界、人类社会、人类思维等各种现象的研究，作为主体的人的情感、知识、意志、价值判断等主观因素，使得哲学社会科学研究充满了主观性、不稳定性、易变性等特征。正是这样一些特征，大大增加了哲学社会科学研究的难度。哲学社会科学研究要想获得突出的、重大的研究成果，往往要付出极为艰辛的努力。这就意味着繁荣发展哲学社会科学，培养造就大批哲学社会科学人才，并不是一件轻松、简单、快速的事情。哲学社会科学研究的复杂与艰难，对哲学社会科学工作者的学术操守提出了比较高的要求。

哲学社会科学工作者要想在探索真理的道路上，真正取得一些创新性的、经得起检验的成果，往往需要执着、耐心、坚韧的素质作为支撑。习近平总书记在哲学社会科学工作座谈会上的讲话中指出："要有'板凳要坐十年冷，文章不写一句空'的执着坚守，耐得住寂寞，经得起诱惑，守得住底线，立志做大学问、做真学问。"[①]哲学社会科学工作者追求真理、探索真理，往往是一个长期而艰辛的过程。因为哲学社会科学所追寻的真理，不同于主观符合客观的符合论真理观，而是要探寻人类社会生活中带有客观性、规律性的认识，而人类社会生

---

① 习近平：《在哲学社会科学工作座谈会上的讲话》，人民出版社2016年版，第29页。

活是变动不居的，其中掺杂了各种不同的复杂因素的影响与干扰，甚至还有曲折乃至倒退等现象的发生。除了研究对象本身的复杂与费解之外，研究者主体性的因素也会对求索真理产生影响。研究者处于一定的社会生活中，哲学社会科学研究无法摆脱研究者的立场、观点、态度、情感、意志、价值观等的潜在影响。马克思要探索资本主义社会的特殊运行规律，就是一项极为艰巨而复杂的研究课题，在他之前很多著名的研究者都试图揭开资本主义社会运行的秘密，但始终都没有真正完成这项工作。这是因为资本主义社会运行本身就被种种现象所掩盖着，有些甚至是假象。被层层现象所覆盖而导致的结果，就是难以在纷繁复杂的现象中看到资本主义社会的真实本质，以致一些政治经济学家被现象所迷惑，认为资本主义社会的运行是公平正义的，工人阶级的贫困状况不是资产阶级剥削造成的，即使一些政治经济学家认识到了剩余价值的存在，但也不能真正说明剩余价值的秘密和来源。马克思为了探寻资本主义社会运行规律，青年时期就准备开展政治经济学研究，在巴黎、曼彻斯特、伦敦的图书馆里作了大量的文献收集、整理、摘录工作，阅读了当时能找到的诸多政治经济学家的理论著作，花费40余年时间写作《资本论》，他在世时只出版了第一卷，没有完成第二卷、第三卷的编撰工作。马克思为探索资本主义社会运行的真理，几乎倾注了毕生心血，经受常人难以忍受的各种生活困境，可谓执着、耐心、坚韧的楷模。

执着、耐心、坚韧内在蕴含着严谨求实的素质要求，同样要具备较强的科学精神，这种科学精神就是实事求是、锐意进取、务求真谛，就是做真学问、做大学问，力求取得哲学社会科学研究的创新性成果，真正推动哲学社会科学的繁荣发展。江泽民在《必须高度重视哲学社会科学的发展》中强调："在科学研究中，要坚持严谨而不保守，活跃而不轻浮,锐意创新而不哗众取宠,追求真理而不追逐名利。"[1] 哲学社会科学工作者在研究的过程中,要竭力克服急功近利、哗众取宠、随波逐流的不良倾向,这是培养造就哲学社会科学优秀人才的主要障碍之一。在中国哲学社会科学界,有的哲学社会科学工作者沾染了急功近利、哗众取宠、随波逐流等不良习气,以所谓的与时俱进、学术创新等作为掩饰和包装,从而粗制滥造了经不起推敲、鲜有创新创造的成果。以急功近利的态度对待学术研究,难以真正有效提升学术研究能力,也难以产出真正有价值的高水平学术成果,进而难以锻造出哲学社会科学优秀人才。中国哲学社会科学界出现的学术大家、大师等,不是通过急功近利等方式培养造就的,而是严格遵守严谨求实的素质要求,老老实实做人,扎扎实实做学问。我国哲学界著名哲学家陶德麟,是严谨求实素质的典型代表之一。作为陶德麟学生的姚军毅回忆说:陶老师"语重心长地告诫我:虽然时至今日,研究社会规律问题的大障碍已不复存在,但对于这样一个重大的理论和实践课题,不能一门心思'语出惊人',必须把问题研究透彻;不能为发表论文而研究,必须为有利于社会实践而研究;不要为抓住细微末节而沾沾自喜,一定要抓住事物的根本;严谨,是治学者的立身之本。"[2] 严谨求实成为对哲学社会科学工作者的个人素质要求,是做好哲学社会科学研究工作的重要前提。

二、新时代哲学社会科学人才的能力培养

哲学社会科学人才的培养造就,不仅需要具备一些过硬的素质,还需要具备一些较强的能力。之所以要求具备一些较强的能力,仍然

---

[1] 《江泽民文选》第3卷,人民出版社2006年版,第494页。
[2] 汪信砚、陈祖亮执行主编:《陶德麟先生八十华诞暨新中国马克思主义哲学研究六十年学术研讨会文集》,武汉大学出版社2010年版,第324页。

与哲学社会科学研究的独特性有关。哲学社会科学研究要探索自然界、人类社会、人类思维等各种现象的本质，更加注重探索与把握带有规律性的理论，复杂与艰难成为哲学社会科学研究的重要特征，尤其是对文史哲等一些基础性学科来说更是这样。按照汪信砚等学者的看法，哲学社会科学研究的基本任务主要由探索未知和设计未来构成，要发现和解决重大的理论问题和现实问题，要探索社会生活背后隐匿而深邃的真理性认识，进而形成思想观念上的创新与进展，产出具有较高社会效益的精神产品，塑造和引领时代的向前发展。哲学社会科学研究担负的任务与责任是重大的，它要发挥知识变革和思想先导的作用，推动人类社会发展向更高层次跃升，进而推动人类文明形态的转型，形成对人类社会发展进程的重大影响力。正是哲学社会科学研究这样一些作用与功能，使得中国哲学社会科学工作者具有更大的使命与担当，即为繁荣发展中国哲学社会科学作出更多的贡献，从而以理论的方式深入推进中国的改革开放和社会主义现代化建设事业，为展现人类文明新形态、全人类共同价值、人类命运共同体的优越性与可行性，作出符合时代发展需求的理论创造和更大贡献。而要切实担负起哲学社会科学工作者的使命与担当，就需要哲学社会科学工作者具备一些基本的能力，这些基本的能力是从事哲学社会科学研究，乃至力图为繁荣发展中国哲学社会科学作出贡献，都要认真体会并在具体的研究工作中加以提升。

（一）捕捉时代问题的能力

马克思曾在《集权问题》中说："问题就是时代的口号，是它表现自己精神状态的最实际的呼声。"[①] 他同时认为主要的困难在于问题，而不是人们通常认为的答案。马克思认为问题本身就孕育着答案，当然

---

① 《马克思恩格斯全集》第40卷，人民出版社1982年版，第289—290页。

这里所说的问题一定是真问题，是在经验世界中可感知到的，并且可以用实践证实或证伪的方式加以验证的。著名科学家爱因斯坦也说过，提出一个问题往往比解决一个问题更重要，这个想法与马克思在19世纪的思想具有高度的相似性。人类千年思想家对发展哲学社会科学和自然科学，在重视提出问题方面获得了共识，这就说明提出真问题，是实现哲学社会科学和自然科学向前发展的原动力。如果不能提出人类社会发展中面临的真问题，人类历史发展和社会进步就难以真正实现。马克思在1842年说得很明确，世界史离开问题就无法展开了，只有不断地面对各种问题，才能实现世界历史本身的进展。哲学社会科学研究正是在不断提出新问题、继续求解老问题的过程中，获得了对问题本身的创新理解，不断更新了问题本身的解答，从而才能完成探索未知、设计未来的基本任务。习近平总书记强调："坚持问题导向是马克思主义的鲜明特点。问题是创新的起点，也是创新的动力源。只有聆听时代的声音，回应时代的呼唤，认真研究解决重大而紧迫的问题，才能真正把握住历史脉络、找到发展规律，推动理论创新。"[1] 这就深刻揭示了哲学社会科学创新的真实生长点，同时对哲学社会科学工作者的能力作出了明确要求，这就是必须坚持问题导向，把问题作为理论研究、理论创新的起点。

哲学社会科学发展过程是不断提出和解决问题的过程，之所以强调捕捉问题的能力，就在于哲学社会科学创新的关键在于能不能提出真问题，能不能对以往提出过的真问题作出创新性的思考与创造性的回答，从而真实推动哲学社会科学的繁荣发展。按照马克思主义的基本观点，矛盾普遍存在于世界之中，旧的矛盾解决了，新的矛盾又会产生。这就意味着矛盾具有普遍性的属性，问题就是矛盾，问题也就具有了普遍性的特征。自然界、人类社会、人类思维等不断变化发展，

---

[1] 习近平：《在哲学社会科学工作座谈会上的讲话》，人民出版社2016年版，第14页。

人类社会生活各种领域不断呈现出各种矛盾，即不断显现出各种问题，矛盾或者说问题是从现象层面呈现出来的，决定它们的是背后深层次的本质与规律。通过现象看本质的辩证法，是马克思主义找出本质、发现规律的重要方法。尽管如此，矛盾还不能简单等同于问题，问题是事物矛盾的外在呈现形式，是否能够提出真问题，而不被一些假问题所迷惑，以致无法触及到真问题，关系到在理论研究与理论创造中能否作出真实的重大贡献。马克思在研究政治经济学时，研读了很多政治经济学家的著作，他发现一些政治经济学家仍然囿于资本主义生产关系，被表面的现象所迷惑，难以提出资本主义时代具有根源性的实质问题，他们的政治经济学理论自觉或不自觉地为资本主义社会制度作了辩护。古典政治经济学家虽然在政治经济学理论方面提出了一些具有重要价值的理论和观点，成为马克思主义产生的重要理论来源之一。但是，古典政治经济学家只是在一种并非触及根本的意义上，揭示了资本家与工人之间地位不平等、贫富分化等原因，他们当中甚至有人认为是资本家养活了工人。而马克思不同于这些政治经济学家，他通过深入研读与分析政治经济学家的著作，深入资本主义社会的生产实践，提出了批判和超越资本现代化的重大课题，他认为这个问题是资本主义社会各种现象背后的关键所在。正因为马克思敏锐捕捉到了资本主义时代的重大理论与现实问题，马克思才把理论研究的聚焦点放在政治经济学上，并且倾尽毕生大部分心血来完成探究工作，终于作出了有史以来最为重大的理论创造和理论贡献，从而为无产阶级革命实践提供了科学理论，推动无产阶级革命在世界层面的蓬勃发展，为创建无产阶级政权发挥了极为重要的指导作用。

"理论思维的起点决定着理论创新的结果。理论创新只能从问题开始。从某种意义上说，理论创新的过程就是发现问题、筛选问题、研

第八章
培养满足时代需求的哲学社会科学人才

究问题、解决问题的过程。"[1]习近平总书记在哲学社会科学工作座谈会上的重要讲话,对哲学社会科学工作者进行理论研究和理论创新,对构建与繁荣中国特色哲学社会科学,具有极富启发性、指导性、前瞻性、战略性的重大意义。培养造就大批哲学社会科学优秀人才,必须提升哲学社会科学工作者捕捉时代问题的能力,通过发现问题、筛选问题、研究问题、解决问题,实现哲学社会科学研究上的创新创造,产出具有较高质量和较好社会效益的精品力作。孙正聿认为:"从重大的现实问题中发现、提出和探索重大的理论问题,又以重大的理论问题回应、深化和破解重大的现实问题,这是理论研究的真实内容,也是理论创新的根本途径。"[2]当前,世界正经历百年未有之大变局,国际格局和国际体系处于深刻调整之中,全球治理体系处于深刻变革之中,国际力量出现了有利于世界和平与发展的态势,新兴市场国家和发展中国家在世界上的影响力有所加强。中国倡导的人类命运共同体、全人类共同价值等理念,得到越来越多国家和人民的理解与认同,全面建成社会主义现代化强国和实现中华民族伟大复兴,与世界百年未有之大变局交织叠加,中国未来发展仍处于战略机遇期。但美国等西方守成大国不愿看到中国的强大,来自经济、科技、军事、意识形态等领域的遏制与打压,以及发展过程中可能遇到难以预见的重大风险挑战等,都需要我们坚持底线思维、发扬斗争精神,坚决掌握国家安全的战略主动权。上述世界层面和中国层面的深刻变化,需要哲学社会科学工作者从中提炼出重大的理论和现实问题,将其上升到时代发展与社会进步的层面,展开务实且富有创造性的研究工作,推进哲学社会科学各学科的理论创新。

---

[1] 习近平:《在哲学社会科学工作座谈会上的讲话》,人民出版社2016年版,第20页。
[2] 孙正聿:《学术的使命与学者的担当——改革开放40年的中国学术》,《社会科学战线》2018年第11期。

（二）基础理论研究的能力

开展基础理论研究对哲学社会科学和自然科学都是十分重要的，当前社会中存在重应用轻基础的现象，长期来看对繁荣发展哲学社会科学是不利的。习近平总书记在一些重要论述中，特别强调了基础研究的重要性，世界科技创新与竞争态势的发展，越来越向扎实基础研究的方向发展，关键核心技术的突破也需要在基础研究上下功夫。对哲学社会科学来说，基础理论研究的能力是十分重要的。邓小平在《坚持四项基本原则》中突出强调："哲学、社会科学同自然科学一样，决不能忽视基础理论的研究，这些研究是理论工作的任何巨大前进所不可缺少的。"[1] 他还认为对政治学、法学、社会学等哲学社会科学的研究，以往曾被忽视了多年，需要抓紧时间进行补课。这是一种非常务实的态度和规划，对繁荣发展哲学社会科学起到十分重要的促进作用。哲学社会科学各学科领域，都具有该学科悠久而厚实的基础理论，一门学科的基础理论蕴含着该学科独特的、内涵丰富的理念、概念、术语、话语，形成了对该学科究竟要研究什么、如何研究、在什么方面可能取得突破等的潜在定向。尤其是文史哲等一些基础性的学科，基础理论研究的能力显得格外重要，直接关系是否能了解该学科的总体性质、学科内涵、研究特点、前进方向。但在现实的学术研究中，有的哲学社会科学工作者没有充分重视基础理论研究，而是注重一些浮在面上的细枝末节问题，采取了就事论事的方式开展研究。以即时性的应用态度对待哲学社会科学研究，难以取得系列性的重要创新成果，难以真正成长为哲学社会科学优秀人才。

习近平总书记强调："打好基础、储备长远，甘于坐冷板凳，勇于做栽树人、挖井人，实现前瞻性基础研究、引领性原创成果重大突破，

---

[1] 《邓小平文选》第2卷，人民出版社1994年版，第179页。

夯实世界科技强国建设的根基。"[1] 他在这段重要论述中虽然讲的是自然科学研究,但是同样适用于哲学社会科学研究,哲学社会科学工作者同样需要打好基础、储备长远,从而具备基础理论研究的能力,这是支撑以后长期研究活动的能力基础之一。哲学社会科学各门学科一般经历了长期的发展过程,具有深厚的理论基础作为基奠,需要哲学社会科学工作者下功夫进行研究,逐步形成基础理论研究的能力,进而支撑后续该学科领域乃至跨学科领域的研究工作。俗话说基础不牢、地动山摇,树高万丈须有根,这些话都强调打好基础的重要性,对于哲学社会科学工作者来说,就是务必具有基础理论研究的能力。2022年11月12日,国防科技大学主办了"认真学习宣传贯彻党的二十大精神,全面提升马克思主义理论学科建设质量"研讨会,一些来自军地高校的名师大家参加了研讨会并作交流发言。在这次研讨会上,来自清华大学、北京大学、中国人民大学等在京"双一流"建设高校的相关专家,分别介绍了所在高校马克思主义理论学科的建设概况。学习他们的交流发言,有一个都比较认可和重视的方面,就是重视学科基础理论的研究。清华大学习近平新时代中国特色社会主义思想研究院副院长肖贵清认为,马克思主义基本原理在马克思主义理论学科中是最基础的方向,如果这个方向建不好,那么整个马克思主义理论学科也建不好。中国人民大学马克思主义学院副院长陶文昭介绍,中国人民大学特别重视马克思主义发展史和马克思主义基本原理的研究,他认为这两个二级学科方向是源和根,是建好马克思主义理论学科的前提基础。从国内两所拥有马克思主义理论学科建设优势地位的高校来看,无疑都特别重视基础理论研究。

　　以上事例说明,要想真正建设好马克思主义理论学科,必须重视马克思主义基本原理等基础性的学科方向,持续不断地深耕作业,这

---

[1] 习近平:《在中国科学院第十九次院士大会、中国工程院第十四次院士大会上的讲话》,《人民日报》2018年5月29日。

样才能提升马克思主义理论研究者的能力，进而从马克思主义发展史、马克思主义基本原理的视野与深度，深化对其他学科方向理论问题的研究，才有望形成创新性的研究成果。教育部人文社会科学重点研究基地吉林大学哲学基础理论研究中心，自2004年成立以来一直坚守和引领哲学基础理论研究，凝聚了具备扎实基础理论研究能力的专家学者，产出了一系列具有标志性的学术成果。孙正聿深刻说道："对于'做学问'来说，开端的伟大，就是在基础性的、根本性的问题上形成自己的'基本理念'和'解释原则'。它是照亮自己所研究的全部问题的'普照光'。"[1] 他认为一个搞哲学研究的人，如果没有对哲学这门学问本身深切的追问和体悟，很难达到研究哲学应有的境界，也就很难在哲学学科的意义上开展专业性的精深研究。形成基础理论研究的能力，实则并不是一件容易的事，它需要哲学社会科学工作者一定程度上摆脱应用与实用的经验思维，进入乃至沉入学科本有的概念体系、逻辑脉络、演进过程等之中，切实从总体性、原理性的意义上把握相关学科，着力登堂入室，这样才能窥见学科理论的真谛，进而才能在原有学科理论基础上，真正地面对与解答时代性的问题，形成富有创新性的研究成果。

（三）融通学术资源的能力

哲学社会科学研究有自身的特点与规律，它涵盖了不同的学科，不同学科在研究方式上有很大的差异。哲学社会科学研究虽然有独特性，但要做好哲学社会科学研究工作，有一种能力获得了更多的共识，这就是要具备融通学术资源的能力。哲学社会科学研究不同于自然科学研究，自然科学研究一般要有相应的仪器设备、辅助材料、实验环境等物质层面的保障，是在物质实验室中完成的，当然，自然科学研

---

[1] 孙正聿主编：《哲学基础理论研究》第1卷，中央编译出版社2018年版，总序第6页。

究同时需要了解前人的有关工作和进展情况。哲学社会科学研究对物质条件的需求不高：有相对独立、安静的研究环境，以及研究所需要的各种图书资料。当这些基本研究条件具备后，哲学社会科学工作者需要研究大量的文献资料，并需要在"头脑风暴"中消化吸收各种学术资源，在充分占有这些资源的基础上，结合自己的理解、感悟、阅历等做出进一步的研究与创新，所有这些工作更多需要在"头脑实验室"中完成。哲学社会科学研究的问题，有一些是各个国家、民族的哲学社会科学研究者都关注的，甚至这些问题本身还具有跨越时空的特点，贯穿古今之中。正是哲学社会科学研究问题的上述特征，要求哲学社会科学工作者融通各种相关的学术资源。习近平总书记明确指出："我们要善于融通古今中外各种资源，特别是要把握好3方面资源。一是马克思主义的资源，……二是中华优秀传统文化的资源，……三是国外哲学社会科学的资源，包括世界所有国家哲学社会科学取得的积极成果，这可以成为中国特色哲学社会科学的有益滋养。"[1]这就既指明了繁荣发展哲学社会科学的重要途径，同时也是对哲学社会科学工作者应具备能力的揭示。在文化多样化的全球化时代，世界各国、各民族之间的文化交流互鉴增多，增进了对彼此哲学社会科学发展的了解程度，从而对我国哲学社会科学工作者融通学术资源提出了更高的要求。

全球哲学社会科学发展到今天，取得了大量而丰富的研究成果，既给从事哲学社会科学研究提供了良好的文献基础，也给哲学社会科学研究带来了更大的难度与挑战，进而也考验着研究者的能力。这就意味着要开展真实意义的学术研究，并不是一件容易和简单的事情，而是必须下一番苦功夫，形成融通学术资源的能力。孙正聿曾结合自己多年从事哲学社会科学研究的经历，深刻总结从事文科研究的一些

---

[1] 习近平：《在哲学社会科学工作座谈会上的讲话》，人民出版社2016年版，第16页。

体会。他说:"首先必须面向本文,要多读书。理科不做实验就不要搞自然科学了,文科研究如果不读书就没办法搞了。这可以叫作'理科在实验,文科在文献'。我们的老师首先要进得去,还要出得来。"[①] 孙正聿把寻找理论资源看作文科研究的首要工作,面向文本,尤其是面向古今中外经典文本是十分重要的。国内一些专家学者经常教导别人,要多读书、读好书,其实就是要扩展理论视野和丰富学术资源。收集到相关学术资源,只是融通学术资源的前提性工作。所谓融通学术资源的能力,就是能够钻进去和跳出来的能力。前面提到世界范围内形成了非常丰富的哲学社会科学研究成果,要能够在这些成果中鉴别自己研究所需要的经典必读资料,然后要通过深入的苦读过程,真正进入文献作者的语境与思想当中,充分把握文献的主要观点、逻辑框架、具体论证等。经过这个过程之后,还要具备跳出所读文献的能力,而不能一味地陷入文献不能自拔,需要能够站在所读文献之上,建立研读文献的精妙之处与所从事研究课题的内在关联,从中思考研读文献的可取之处与偏颇之处,进而逐渐确定自己的学术观点、研究框架与逻辑论证。

在融通学术资源的能力方面,吉林大学哲学研究团队形成了比较好的传统。马克思主义哲学研究是吉林大学哲学学科的优势方向,形成了自身的特色与优势。吉林大学的马克思主义哲学研究,不是单纯陷入马克思、恩格斯、列宁等经典作家的文本之中,而是以宽广的学术视野来展开研究工作。他们首先特别重视德国古典哲学资源的引入与研究,因为马克思曾说自己是"黑格尔的学生",马克思的唯物辩证法是对黑格尔辩证法的改造,继承了黑格尔辩证法的合理内容。吉林大学马克思主义哲学研究团队的研究成果,注重对马克思哲学与德国古典哲学的深层关系研究,并将这种研究拓展至一些具体研究领域,

---

[①] 孙正聿:《我国人文社会科学研究的范式转换及其他——关于文科研究的几点体会》,《学术界》2005年第2期。

如重新理解马克思主义哲学、辩证法的深化研究、学术思想史的研究以及政治哲学研究等。善于融通德国古典哲学资源的能力，为马克思主义哲学研究视野的拓展提供了有力支撑。他们还重视西方哲学史、现代西方哲学、中华优秀传统文化等学术资源的融通。复旦大学的马克思主义哲学研究学者也非常重视融通德国古典哲学资源，深化马克思主义哲学研究，俞吾金在反思马克思哲学基础理论等问题时，专门讨论了"马克思与康德""马克思与黑格尔"，他还发表了关于康德哲学、黑格尔哲学的学术论文。俞吾金在论文《论马克思对德国古典哲学遗产的解读》中认为："在马克思的理论视野中，人、市民社会、实践、自在之物、历史意识和自由等问题构成了德国古典哲学的基本遗产。"[1]他认为重新解读德国古典哲学遗产，有助于重新领悟马克思哲学的本真精神。从国内两所哲学研究重镇的研究经验来看，哲学社会科学工作者要想在繁荣发展中国特色哲学社会科学方面作出自己的贡献，需要在收集、整理相关文献资料的基础上，具备一定的融通学术资源的能力，从而才有可能做出有突破性的学术创造。

（四）开展学术原创的能力

党的十八大以来，习近平总书记在两院院士大会等有关科技工作的会议上，多次强调原创力、原始创新，认为这是制约自主创新、突破关键核心技术的源头供给。他认为不能跟在别人后面亦步亦趋，要有敢为天下先的志向，把功夫下到独创独有、掌握原创理论、进行原创发现上。对于哲学社会科学来说，原创性的问题非常重要，对哲学社会科学工作者的原创能力提出了很高的要求。综合国力的竞争，内在包含着哲学社会科学创新能力的竞争。随着人类经济社会的发展、科技革命和产业变革的加快推进、科学技术的迅猛发展，哲学社会科

---

[1] 俞吾金：《论马克思对德国古典哲学遗产的解读》，《中国社会科学》2006年第2期。

学的地位不是弱化了,而是具有日益被强化的趋势,哲学社会科学研究对经济社会发展发挥的知识变革、思想先导、价值引领、思维创新等作用,会得到越来越多的体现。西方哲学社会科学具有长期发展形成的深厚积累,为学术而学术成为西方哲学的追求,古希腊哲学家亚里士多德强调"吾爱吾师,吾更爱真理",德国社会学家马克斯·韦伯提出"以学术为业"。正因如此,西方哲学社会科学将勇于质疑、探索真理、敢于创新作为研究者的学术追求,使西方哲学社会科学工作者具有很强的原创能力,产出了很多享誉世界的高水平学术成果,在世界哲学社会科学领域具有显著的优势与影响。邓小平曾经说中国的社会科学相比国外落后了,强调要奋起直追,追赶不是简单地跟随、模仿别人,而是要在批判性地借鉴中加强中国哲学社会科学的学术原创力,这种原创力就体现在哲学社会科学工作者的实际工作中。习近平总书记强调:"广大知识分子要增强创新意识,敢于走前人没有走过的路,敢于抢占国内国际创新制高点。要把握创新特点,遵循创新规律,既奇思妙想、'无中生有',努力追求原始创新,又兼收并蓄、博采众长,善于进行集成创新和引进消化吸收再创新;既甘于'十年磨一剑',开展战略性创新攻关,又对接现实需求,及时开展应急性创新攻关;既尊重个人创造,发挥尖兵作用,又注重集体攻关,发挥合作优势。"[①] 这里明确指出要追求原始创新,是对知识分子尤其是哲学社会科学工作者提出的要求。没有原始创新的有力支撑,难以构建中国特色哲学社会科学,难以实现哲学社会科学真正意义上的繁荣发展。

开展学术原创不是轻而易举的事情,对哲学社会科学工作者提出了很高的要求。其一,要有坚定的信念和高远的目标,这是哲学社会科学工作者能否开展原创性研究的重要前提。哲学社会科学工作者只有具备坚定信念、高远目标的动力之源,才能在实际的研究工作中瞄

[①] 习近平:《在知识分子、劳动模范、青年代表座谈会上的讲话》,《人民日报》2016年4月30日。

第八章 培养满足时代需求的哲学社会科学人才

准哲学社会科学中基础性、系统性、前沿性的问题,而不会拘泥于一些表面的、近期的、滞后的问题,可以一定程度上摆脱学风浮躁、急功近利的弊病,进而提出原创性的观点和思想,作出原创性的学术贡献。据张树义的回忆,高清海一生能够取得诸多原创性学术成就的原因之一,就是有坚定信念和高远目标的有力牵引,高清海像马克思一样立志"要为人类做贡献"。高清海始终坚守信念和目标,致力通过自己的原创性学术成就,为人类社会发展、繁荣发展哲学社会科学,作出独特性、原创性的个人贡献。孙正聿将高清海的一生概括为"跟自己过不去"的一生,是将"哲学何为"和"人类命运"统一起来的一生。高清海鲜明提出了独特的"类哲学"。其二,要在挑战权威的过程中做出独特的学术创造。孙正聿深刻指出:"在学术研究中,文献积累只是思想积累的必不可少的前提,只有自觉的思想积累才能形成学者自己的独立思想。不囿于成见,不人云亦云,不回避问题,不故步自封,在思想上跟自己'较真''较劲',不断地凝练出自己的独到见解,才能形成系统化的具有创新性的思想理论。"[①]哲学社会科学工作者要注重文献积累,扎实收集、整理与研读相关经典文献,并善于融通各种学术资源,这是开展卓有成效的学术研究的基础性工作。在这个过程中,既要保持尊重权威思想的谦虚态度,又需要不迷信权威、不盲从权威,以"面向事情本身"的勇气做出独立性的研究。高清海曾在《人就是"人"》这本书里,设一个篇章专门谈"笨鸡"与"笨想"。他特别强调"笨想"的思考方法,运用这种方法有助于提升原创研究的能力。这种方法仍然以研读文献为基础,之后要暂时抛开文献赋予头脑的概念、理论,摆脱已有的公式和教条的束缚,以本我的状态退回到问题的始源处、根基处,结合真实的生活,切实展现自己的思考能力。

[①] 孙正聿:《学术的使命与学者的担当——改革开放40年的中国学术》,《社会科学战线》2018年第11期。

哲学社会科学的原创性学术成果是思想中把握到的时代，不是哲学社会科学工作者凭空想象杜撰出来的，而是必须扎根于已有的理论和实践。中国特色社会主义发展到今天，已经进入了新时代，在理论和实践上都有新的创新突破，成功推进中国式现代化，提出人类命运共同体、全人类共同价值等重大理念，创造了人类文明新形态，中国日益走近世界舞台中央，中华民族伟大复兴展现出了光辉前景。所有这些，都为繁荣发展中国哲学社会科学提供了坚实的理论与实践基础，进而为创建中国特色哲学社会科学提供了非常有利的条件。习近平总书记深刻指出："在解读中国实践、构建中国理论上，我们应该最有发言权，但实际上我国哲学社会科学在国际上的声音还比较小，还处于有理说不出、说了传不开的境地。要善于提炼标识性概念，打造易于为国际社会所理解和接受的新概念、新范畴、新表述，引导国际学术界展开研究和讨论。"[①] 他的重要论述为开展哲学社会科学原创性研究，提供了具有重要指导意义的方向指引。中国哲学社会科学工作者要着重面向我们自己的问题，因为中国特色社会主义已经开创了人类文明新形态，在理论与实践上都做出了很多的重大创新。必须认真研究我国在经济、政治、社会、文化、生态等各领域的崭新实践，从形成新概念、新范畴、新表达的意义上，凝练出中国哲学社会科学的独特见解，让世界知道"哲学社会科学中的中国"。

三、新时代哲学社会科学人才的科学评价

由于哲学社会科学研究具有独特性，研究者的立场观点、生活体验、情感态度、价值取向等，都会对哲学社会科学研究成果产生显著的影响，使研究成果一定程度上带有相关研究者的个性。这在哲学社

---

① 习近平：《在哲学社会科学工作座谈会上的讲话》，人民出版社2016年版，第24页。

会科学研究中属于正常的现象，而且有利于在百家争鸣、百花齐放中繁荣发展哲学社会科学。但在哲学社会科学研究中，也会出现一些良莠不齐、鱼龙混杂的情况，这就使得哲学社会科学研究中的评价问题突显，而且对哲学社会科学工作者的积极性、主动性和创造性，都会产生非常明显的影响。是否具备一套健全而科学的评价标准，将会对哲学社会科学工作者产生鲜明的导向作用，直接关系研究工作的质量水平与创新水准。改进哲学社会科学研究的评价机制，一直是哲学社会科学工作者特别关注的问题，也是制约构建中国特色哲学社会科学，培养造就哲学社会科学优秀人才的重要影响因素。武汉大学沈壮海等课题组人员曾在调研我国50所高校的基础上，形成了中国哲学社会科学创新的调查概况、数据分析，并提出了改进的对策建议。通过数据分析可以看到，哲学社会科学工作者非常重视"评价导向"，他们认为"评价导向"是影响哲学社会科学创新的重要因素之一。在影响个体哲学社会科学创新的主要因素中，"评价导向"排在第二位；在影响团队哲学社会科学创新的主要因素中，"评价导向"排在第三位。沈壮海等在文章中说："本次调查中，38.8%的受访者认为'评价导向'是影响个体创新的主要因素，32.9%的受访者认为'评价导向'是影响团队创新的主要因素，34.3%的受访者认为'评价机制'是当前制约我国跨学科研究的最主要因素，反映出受访者对学术评价意义与作用的深度关切。"[1] 通过调查研究，说明了建立科学评价对开展哲学社会科学研究的重要意义，对培养造就哲学社会科学人才也将会产生重大而深远的影响。

（一）将学术道德评价放在重要位置

中国传统哲学社会科学研究，与西方哲学社会科学研究有明显的

---

[1] 沈壮海、张发林等：《当前中国高校的哲学社会科学创新：观念与路径——基于全国50所高校的调查》，《中国社会科学》2012年第8期。

差异。中国自古以来是一个伦理的社会,将人伦关系、道德教化、优良秩序等放在很重要的地位上。中国著名学者钱穆认为,西方人更加重视知识,功利化倾向比较明显;中国更加重视学问,重道义倾向比较明显。中国人所说的学界、学者、学士、学问等,都带有中华优秀传统文化的底蕴特征。中国古代的孔子等很多思想家,将求学的过程看作学做人的过程,更加看中践行,这就将为学与做人统一起来,尤为重视求得做人上的一些道理。中华文化有一脉相承的特征,特别重视"道"的传统,这在当代构建中国特色哲学社会科学,对于评价哲学社会科学工作者来说,仍然是很重要的标准之一。钱穆深刻说道:"要之,中国人观念,著书乃以传道,非以扬名。道为公,名则私。为社会大群传道,非为个人著作扬名。"[①]因此,立德成为学术研究中重要的衡量标准,并被放在了立功、立言之前。构建中国特色哲学社会科学,既要注重批判地吸收国外哲学社会科学的优秀成果,也要传承中国优秀传统哲学社会科学的优秀基因,即把学术道德评价、培育优良学风放在突出重要的位置上。在培养造就哲学社会科学人才上,需要把以德为先的评价标准放在首位,并在具体的评价中坚决贯彻好相关标准。

将道德水准作为评价人才的重要因素,在中国古代已经形成并传承下来,成为评价中国人才的一条重要标准。胡锦涛在《实现人力资源大国向人才强国转变》中强调:"要建立以岗位职责要求为基础,以品德、能力、业绩为导向,科学化、社会化的人才评价发现机制,注重靠实践和贡献评价人才,坚持在实践和群众中识别人才、发现人才。"[②]这段论述实际上把品德放在了评价人才的优先位置,作为了评价人才的重要导向。中国哲学社会科学多年来坚持以德为先的评价导向,注重加强学术道德建设和学风建设,对培养造就哲学社会科学人才起

---

① 钱穆:《晚学盲言》,广西师范大学出版社2004年版,第517页。
② 《胡锦涛文选》第3卷,人民出版社2016年版,第395页。

第八章 培养满足时代需求的哲学社会科学人才

到了比较好的推动作用。但在具体的哲学社会科学研究中，为学与做人并没有实现很好的统一，有些人片面强调哲学社会科学研究的为学方面，忽视或不愿正视哲学社会科学中做人的道德规范属性。哲学社会科学工作者的研究工作，具有鲜明的立场倾向、情感态度、生活体验、价值观念等，对社会主义意识形态建设、社会道德风尚建设等都将产生具体而深远的影响。有学者认为，哲学社会科学人才对建设先进文化、提升全民族科学文化素质和思想道德素质等方面发挥了重要作用。既然如此，哲学社会科学工作者的思想道德素质如何，对于能否培养造就哲学社会科学人才将产生十分重要的前提性影响。没有优良的思想道德素质，是难以培养造就出合格的哲学社会科学人才的。

哲学社会科学研究中的学术道德，更加重视和强调哲学社会科学工作者踏实认真、严谨治学、崇尚精品，这在整个学术评价中是需要突出强调的。在当前哲学社会科学研究中，学风浮夸、急功近利等已被很多人诟病，片面追求多出成果、快出成果，已经成为相关学术机构对学者的潜在要求，哲学社会科学工作者为了获得更好的生存与发展，势必会形成浮夸的风气、作派，并在整个学界造成不良的影响。马克思从事科学研究工作，非常注重学术道德，他以极其严肃认真的态度从事科学研究工作。恩格斯在《卡尔·马克思》一文中说："而实际上，他（马克思——笔者注）所始终感到兴趣的，归根到底还是他二十五年中以无比的严肃认真的态度进行研究和探讨的科学；这种极其严肃认真的态度，使他在自己对自己的结论在形式和内容上尚未满意之前，在自己尚未确信已经没有一本书他未曾读过，没有一个反对意见未被他考虑过，每一个问题他都完全解释清楚之前，决不以系统的形式发表自己的结论。"[①] 马克思这种极为严苛的科学治学精神，值得哲学社会科学工作者认真体会和学习。哲学社会科学研究工作中，不

---

① 《马克思恩格斯全集》第16卷，人民出版社1964年版，第412—413页。

仅有浮夸的现象存在，甚至还有剽窃等其他一些学术不端现象的存在，严重影响了整个哲学社会科学研究界的风气，是制约构建中国特色哲学社会科学、繁荣发展哲学社会科学的痼疾。习近平总书记强调："要大力弘扬优良学风，把软约束和硬措施结合起来，推动形成崇尚精品、严谨治学、注重诚信、讲求责任的优良学风，营造风清气正、互学互鉴、积极向上的学术生态。"① 培养打造哲学社会科学人才，首先就要突出学术道德的规范导向作用，将学术道德评价放在整个评价体系中的优先地位。鼓励和支持哲学社会科学工作者讲正气，即真诚地探索各种学问，不搞违背学术道德的歪门邪道，老老实实地开展哲学社会科学研究。

（二）各级领导干部要科学对待哲学社会科学工作者的工作

我国的哲学社会科学工作者是在各级党组织的领导下，开展哲学社会科学研究工作的，各级党组织以及领导干部对待哲学社会科学工作者的态度，一定程度上也蕴含着对哲学社会科学工作者的评价。正因如此，哲学社会科学工作者从事研究工作，较为重视各级党组织以及领导干部对待自己工作的态度，相应的研究工作难免会受到这种态度的较大影响。毛泽东在《关于正确处理人民内部矛盾的问题》中，就专门谈到了知识分子问题，特别强调了对待知识分子的态度问题，即要信任和团结知识分子。他说："凡是真正愿意为社会主义事业服务的知识分子，我们都应当给予信任，从根本上改善同他们的关系，帮助他们解决各种必须解决的问题，使他们得以积极地发挥他们的才能。我们有许多同志不善于团结知识分子，用生硬的态度对待他们，不尊重他们的劳动，在科学文化工作中不适当地干预那些不应当干预的事务。"② 这个论述是在社会主义建设时期作出的，体现了团结一切可以团

---

① 习近平：《在哲学社会科学工作座谈会上的讲话》，人民出版社2016年版，第29页。
② 《毛泽东文集》第7卷，人民出版社1999年版，第225页。

第八章
培养满足时代需求的哲学社会科学人才

结的力量进行社会主义建设的良好初衷。这里实际上强调了改善党同知识分子的关系问题，要求避免以生硬的态度对待知识分子，反对对知识分子工作的不恰当干预。毛泽东在强调政治是第一位的同时，论述了政治和业务的对立统一，认为搞政治的也需要懂业务，在尊重知识分子劳动的基础上，加强对技术和业务的学习。在当时的历史条件下，毛泽东认识到了知识分子对社会主义建设事业的重要意义，表达了希望能有更多的知识分子为社会主义建设事业服务的期待，从而特别注重对待知识分子的态度问题，这对知识分子以更加积极的姿态参加社会主义建设，发挥了十分重要的作用。

理解与信任哲学社会科学工作者的工作，对于发挥哲学社会科学工作者的积极性、主动性和创造性具有十分重要的意义。各级党组织尤其是相关领导干部，一定程度上扮演着评价哲学社会科学工作者的角色。哲学社会科学工作者做出的工作怎么样？取得的以研究成果为代表的业绩如何？他们往往较为关注所在党组织以及领导干部的态度。从这个意义上说，领导干部对待哲学社会科学工作者及其研究成果的态度，不可避免地具有了较强的评价色彩。江泽民在《人才资源是第一资源》中说："信任是人才发挥作用、激发创新能力的重要条件。信任是最大的尊重和爱护。大家都要关心、爱护、理解、信赖人才，激励他们充分发挥聪明才智。"[1] 理解、信任、爱护哲学社会科学工作者，不仅仅是一个珍惜、关爱他们的态度问题，更是一个关系哲学社会科学工作者主观能动性发挥的评价问题。哲学社会科学工作者的研究工作涉及不同的领域，既具有一定的特殊性特征，也带有某些普遍性的特征，每一个不同领域都有相对公认的前沿问题与评价标准。各级党组织以及领导干部，或者是专门从事组织管理工作，或者是兼有组织管理与相关领域研究的双重任务。哲学社会科学众多研究领域，会造

---

[1] 《江泽民文选》第3卷，人民出版社2006年版，第320—321页。

成"隔行如隔山"的情况,这就对各级党组织以及领导干部理解、信任哲学社会科学工作者,提出了较高的要求。如果相关部门领导干部更多懂管理,没有或不愿意理解与信任哲学社会科学工作者;或者相关领导干部尽管一定程度上了解哲学社会科学工作者的研究领域,但不愿意给予客观而公正的对待,上述情况将会打击哲学社会科学工作者的积极性、主动性和创造性,从而不利于他们的迅速成长,难以成为哲学社会科学优秀人才。

习近平总书记在哲学社会科学工作座谈会上的讲话中强调:"领导干部要以科学的态度对待哲学社会科学,尊重哲学社会科学工作者的辛勤付出和研究成果,不要觉得哲学社会科学问题自己都能讲讲,不是什么大不了的学问。要主动同专家学者打交道、交朋友,经常给他们出题目,多听取他们的意见和建议。要加强哲学社会科学优秀人才使用,让德才兼备的人才在重要岗位上发挥作用。"[1] 各级党组织以及领导干部既要尊重哲学社会科学发展规律,也要尊重哲学社会科学工作者研究的规律,更要尊重哲学社会科学人才成长的规律。真心关爱他们,真切理解他们,真正信任他们,真挚爱护他们。把以人为本的理念贯彻到对待哲学社会科学工作者的实际工作中去,带有善意、同情等情感深入了解哲学社会科学工作者的研究工作,不能先入为主地对待哲学社会科学工作者;或者不负责任地指责哲学社会科学工作者,认为他们的研究工作谁都能做;或者是漠视哲学社会科学工作者的研究工作,不给予应有的公正评价;等等。这些情况都不符合科学评价哲学社会科学工作者的要求,甚至会严重挫伤哲学社会科学工作者的积极性,对他们开展卓有成效的哲学社会科学研究工作产生十分不利的影响。尊重规律、尊重人才、爱惜人才、信任人才,既是一个如何对待哲学社会科学工作者的态度问题,也是关系他们能否成长为优秀

---

[1] 习近平:《在哲学社会科学工作座谈会上的讲话》,人民出版社2016年版,第28页。

人才的评价问题。

（三）完善职称评审和人才遴选制度

由于哲学社会科学研究具有复杂性、特殊性等特征，导致对哲学社会科学工作者的评价存在一定的困难，这一点成为培养造就哲学社会科学人才的重要制约因素。哲学社会科学工作者普遍关注职称评审和人才选拔问题，这两个方面体现了对哲学社会科学工作者的具体评价，关系他们未来的个人成长进步，进而关系能否成为优秀的哲学社会科学人才。近些年来，不仅我国哲学社会科学界特别关注这些问题，党和教育部门也高度重视这些问题，并且力图拿出更有效的措施来改善面临的困境。习近平总书记在哲学社会科学工作座谈会上的讲话中指出："要完善哲学社会科学领域职称评定和人才遴选制度，建立规范的奖励体系，表彰有突出贡献的哲学社会科学工作者，增强他们的荣誉感、责任感、获得感。"[1] 他在其他重要讲话中进一步强调："在人才评价上，要'破四唯'和'立新标'并举，加快建立以创新价值、能力、贡献为导向的科技人才评价体系。"[2] 这些重要论述，充分说明我们党对职称评定和人才遴选等问题的高度关注，这个问题既涉及自然科学也涉及哲学社会科学。相对而言，哲学社会科学中相关问题复杂而突出，对繁荣发展哲学社会科学形成了一定制约效应，并且也受到哲学社会科学界的诟病。

随着时代的发展、社会的进步，哲学社会科学研究更加注重研究成果的质量、效益与贡献，逐步淡化学历文凭和学术职称在人才评价中的观念，重视提高创新意识、创新能力、创新成果在人才评价中的比重，注重哲学社会科学内涵式发展。"破四唯"就是要打破传统的条

---

[1] 习近平：《在哲学社会科学工作座谈会上的讲话》，人民出版社2016年版，第27页。
[2] 习近平：《在中国科学院第二十次院士大会、中国工程院第十五次院士大会、中国科协第十次全国代表大会上的讲话》，《人民日报》2021年5月29日。

条框框，改变传统评价中的不适当做法，竭力避免传统评价标准中的弊端。"立新标"就是要重新树立起科学而经得起检验的学术评价新标准。"破四唯"不是说不要论文、职称、学历和奖项，而是要改变片面重视这几方面的形式主义做法，更加重视它们在质量、水平、创新等方面的内涵性成分。在现有的哲学社会科学工作中，人们普遍关心的是职称评定，这是人才评价中的一个核心问题，它直接关系个人的学术形象与成长进步。实际上职称评定和人才遴选，都涉及人才评价标准问题，即具体的评价机制。沈壮海、张发林等对中国50所高校进行哲学社会科学创新的问卷调查表明，哲学社会科学工作者尤为关注评价问题。很多调查对象认为，推动中国哲学社会科学创新最需要用力的方面，就是改进学术评价机制。尽管目前我国哲学社会科学界总体导向较为注重质量、效益、创新等内涵性的要素，但在实际的职称评定和人才遴选等评价方面，仍然存在各种各样的问题，例如评价标准不稳定、带有倾向性，片面重视数量而忽视质量，片面重视外在形式而忽视实质内容，片面重视结果而忽视过程，等等。这些现象不同程度地存在，严重影响科学评价标准的建立与执行，从而引发评价导向、评价实施、评价结果等的走样，严重挫伤了哲学社会科学工作者的积极性、主动性和创造性。

中国的哲学社会科学界在评价标准方面有一些好的经验与做法值得借鉴，但还需进一步完善评价标准并改进评价机制。在评价标准上，从理念、措施和方法等方面，都要把质量、贡献、创新等要素作为评价的重要评价依据。"科学研究的任务在于通过不断创新而探索真理，在一定的意义上可以说，创新是科学研究的生命。要对哲学社会科学成果作出客观、公正的评价，当然首先就是看其有无创新性及其创新性的程度如何。"[①] 对于哲学社会科学成果的创新程度，虽然不太容易进

---

① 汪信砚主编：《哲学社会科学创新论》，中国社会科学出版社2014年版，第203页。

行较为科学的评价,但仍然有可以进行判断的客观依据与标准,国内优秀的哲学社会科学专家仍然可以作出较为科学的评价。国内有学者提出了同行评价、量化评价与综合评价,认为综合评价可以将同行评价与量化评价结合起来,避免同行评价与量化评价的弊端,从而实现更为科学的评价。量化评价具有较为客观的量化标准,如国内一些高水平大学都有相对客观的量化标准,他们不仅突出了CSSCI来源期刊、全国中文核心期刊的地位,还对CSSCI来源期刊进行了适当的分类,尤其是更加突出《新华文摘》《中国社会科学文摘》《高等学校文科学术文摘》以及人大复印资料转载等。同行评价更为重视本领域学术共同体的评价,虽然这种评价带有一定的主观性,却是判断科学研究成果是否有创新性的重要依据。综合评价可以吸收量化评价和同行评价的优点,成为国内外较为认可的评价方法,在此基础上才有助于建立科学、规范、有效的评价标准,进而发挥推动哲学社会科学创新发展、培养造就哲学社会科学人才的积极导向作用。

(四)着力避免行政权力对哲学社会科学工作者的不当评价

我国的科研院所以及一些大学,由于历史上的一些原因,具有了一定的行政级别。正是这些行政级别,使得一些领导和具体办事人员具有了各种行政头衔。曾经有文章指出,中国一些科研机构、大学的行政级别,会带来行政权力对学术权力的挤压,严重的还会凌驾于学术权力之上。科研院所、大学都是开展科学研究的重要场所,对培养党和人民事业所需要的各级各类人才发挥了极为重要的作用,如果行政权力在这些机构占据了突出的地位,凌驾于学术权力之上,进而左右了对哲学社会科学工作者的评价导向、评价实施,那么,将会造成不利于哲学社会科学人才培养的局面。官僚主义的问题,在科研院所、大学等机构以行政权力的方式展现,形成挤压甚至凌驾于学术之上的弊端。有学者专门指出了该问题成为人才评价的突出方面:"这里特别要指出的是，当前的科研院所、学校、医院实际都存在行政级别，这使得行政权力凌驾于科研、学术、医疗权力之上，使创新人才难以脱颖而出，限制了科研、高校、医院的发展等。"[①] 这实际上指出了难以形成科学评价的体制机制问题，即行政权力凌驾于学术、科研等权力之上，将导向、规范、实施等涉及评价的各个环节集中掌握在各种行政部门。因此，反对官僚主义实则转换为反对行政权力的膨胀与僭越，如果将行政权力凌驾于学术权力之上，严重危及到教授专家治校的根本初衷。

习近平总书记在一些讲话中涉及了行政管理，间接提出了转变管理方式的问题，一定程度上是要抑制行政权力对学术、科研等的不当干扰与评价。他指出："要遵循知识分子工作特点和规律，减少对知识分子创造性劳动的干扰，让他们把更多精力集中于本职工作。要善于运用沟通、协商、谈心等方式做好知识分子思想工作，多了解他们工作学习生活中的困难，多同他们共同探讨一些问题，多鼓励他们取得的成绩和进步。"[②] 邓小平曾在《把教育工作认真抓起来》中，强调了"领导就是服务"[③] 的思想，而且他率先垂范地表示愿意给教育、科技部门的同志当"后勤部长"。习近平总书记和邓小平的相关重要论述，一贯表明了我们党对待知识分子的态度，逐步形成了尊重劳动、尊重知识、尊重人才、尊重创造的重要思想。他们的重要论述，一定程度上强调避免行政权力的不当干扰，让知识分子能够把更多的精力集中于做好本职工作。应该说，他们的这些思想得到了一定程度的贯彻执行，形成了一定的正面导向作用。但由于我国科研院所、大学等机构的行政化，行政级别无论是在管理层，还是在具体的学术、科研层面，都

---

① 赵永乐主编：《宏观人才学概论》，党建读物出版社2013年版，第176页。
② 习近平：《在知识分子、劳动模范、青年代表座谈会上的讲话》，《人民日报》2016年4月30日。
③ 《邓小平文选》第3卷，人民出版社1993年版，第121页。

受到了较多的重视与尊崇，不可避免地凌驾于学术权力之上。虽然我国相关部门已经关注到这个问题，一些科研院所、大学等机构也试图改进，力图使教授专家治学的地位得到提升。但目前还没有得到彻底的改观，行政权力在学术、科研等领域仍然具有较大的话语权、规则制定权、管理权等。

哲学社会科学研究的特殊性与复杂性，导致对哲学社会科学工作者的评价带有一定的难度，但这并不是说就难以开展相对客观的评价了。在科学评价的问题上，要更多发挥哲学社会科学相关研究机构、同行专家等的作用，尽可能减少不必要行政权力的左右与干扰，真实发挥相关研究机构、同行专家在评价中的决定性作用。"大学是知识创造和传播的机构，发挥教授在大学管理中的作用是非常重要的，因为教授显然比行政官员更了解教育规律和学术发展的规律。"[1] 这实际上就是呼吁专家教授治学并开展真实的评价，无论哲学社会科学科研机构还是大学，哲学社会科学工作者评价的公正性问题，一直以来都是关注的焦点问题，是关系中国哲学社会科学繁荣发展的突出问题。虽然哲学社会科学学科领域繁多，甚至有一些基础性学科研究的复杂性和难度较大，但仍然有相对客观的哲学社会科学评价尺度。要作出相对客观的科学评价，只能依靠高水平的科研机构、专家教授等。在某个学科领域长期从事研究并取得较高造诣的机构或专家，能够把握相关哲学社会科学学科领域的发展规律与学术前沿，能够较为精准地评判科研成果的创新价值，进而能够对哲学社会科学工作者的学术成果作出相对客观的考察与评价。这样的评价，才可能是较为公正的评价，才能让被评价者从内心上信服评价结果，逐步形成较为科学的评价机制体制，从而有助于哲学社会科学人才的培养造就。

---

[1] 汪信砚主编：《哲学社会科学创新论》，中国社会科学出版社2014年版，第266页。

后　记

习近平总书记高度重视人才，指出"人才是第一资源。古往今来，人才都是富国之本、兴邦大计"，并要求党员干部树立强烈的人才意识，寻觅人才求贤若渴，发现人才如获至宝，举荐人才不拘一格，使用人才各尽其能。社会主义现代化强国建设离不开人才，只有人才辈出、接续传递才能开创出灿烂辉煌的建设局面。当然，也正是群星闪耀、人才辈出才映衬出一个伟大的时代。正是充分认识到人才建设的重大意义，我们撰写了这本《新时代建设人才强国之道》，希冀以自己力所能及的方式促进人才强国建设，为社会主义现代化强国建设作出些许贡献。

马克思在《关于费尔巴哈的提纲》中批判旧唯物主义时强调："费尔巴哈没有看到，'宗教感情'本身是社会的产物，而他所分析的抽象的个人，是属于一定的社会形式的。"任何人都是属于一定的社会形式的，任何人的思想、情感都是社会的产物，人才当然也鲜明体现出社会历史的特征。中国特色社会主义事业前所未有，它服务于全体人民并促进每个人的全面自由发展，呈现出了更为优越的文明形态，新时代的人才自然会卓然不群——他们能够充分认清中国特色社会主义的优越性，忠于党的事业，自觉服务人民，敢于破障解难，将自己的智慧、才能融入社会主义现代化建设的伟大进程。

本书的撰写分工如下：刘增明撰写第一章、第五章、第八章，张郭男撰写第二章、第三章，李亿撰写第四章、第六章，赵阵撰写第七

后　记

章并负责整体设计和全书统稿。感谢国防科技大学的董晓辉教授，他对书稿的撰写和修改提出了宝贵的指导性意见。感谢中共中央党校出版社的任丽娜、马琳婷、桑月月老师，使得本书得以顺利出版。

由于作者水平有限，书中难免有疏漏和不足之处，恳请各位专家和读者朋友见谅并不吝指正。

赵　阵

2025年2月